봄·여름·가을·겨울
새도감

1쇄 • 2022년 10월 11일 **2쇄** • 2023년 5월 23일 **지은이** • 김대환 **그린이** • 류은형
발행인 • 허진 **발행처** • 진선출판사(주) **편집** • 김경미, 최윤선, 최지혜
디자인 • 고은정, 김은희 **총무 / 마케팅** • 유재수, 나미영, 허인화
주소 • 서울시 종로구 삼일대로 457 (경운동 88번지) 수운회관 15층
　　　전화 (02)720-5990 팩스 (02)739-2129 홈페이지 www.jinsun.co.kr
등록 • 1975년 9월 3일 10-92 ※책값은 뒤표지에 있습니다.
ISBN 979-11-90779-66-1 74490 ISBN 978-89-7221-654-4 (세트)
ⓒ 김대환, 2022 편집 ⓒ 진선출판사, 2022

지은이 김대환 선생님은
조류생태연구가이자 사진가, 고등학교 생물 교사이며, 새의 매력에 빠져 전국을 누비며 새의 생태를 사진에 담고 있습니다.
현재 〈인천야생조류연구회〉와 탐조 모임 〈새를보는사람들〉을 이끌며 탐조 교육 활동과 조류 모니터링, 조류 서식지 보호 등의 활동을 하고 있습니다. 지은 책으로는 《형태로 찾아보는 우리 새 도감》, 《교동도》 등이 있습니다.
새를보는사람들 : https://band.us/@birder

 는 진선출판사의 어린이책 브랜드입니다. 마음과 생각을 키워 주는 책으로 어린이들의 건강한 성장을 돕겠습니다.

봄·여름·가을·겨울

새도감

김대환 지음

진선아이

차례

탐조 준비물 • 4

탐조 용어 알아보기 • 5

새의 외부 형태와 명칭 • 6

새의 행동 • 8

새를 찾고 보는 방법 • 10

봄

도시 집 주변에서 보이는 새 • 14

시골 집 주변에서 보이는 새 • 16

작은 공원이나 공터에서 보이는 새 • 18

큰 공원에서 보이는 새 • 20

마을 뒷산에서 보이는 새 • 22

숲에서 보이는 새 • 24

밭에서 보이는 새 • 26

논에서 보이는 새 • 28

논에서 보이는 도요새 • 30

작은 하천에서 보이는 새 • 32

습지에서 보이는 새 • 34

작은 호수에서 보이는 새 • 36

강 하구나 항구에서 보이는 새 • 38

갯벌에서 보이는 새 • 40

서해 섬에서 보이는 새 1 • 42

서해 섬에서 보이는 새 2 • 44

서해 섬에서 보이는 새 3 • 46

서해 섬에서 보이는 귀한 산새 • 48

서해안 야산에서 보이는 새 • 50

큰 산에서 보이는 새 • 52

여름

마을 주변에서 보이는 새 • 56

시골 집 주변에서 보이는 새 • 58

산에서 보이는 새 • 60

논에서 보이는 새 • 62

작은 하천에서 보이는 새 • 64

습지에서 보이는 새 • 66

큰 호수에서 보이는 새 • 68
갯벌에서 보이는 새 • 70

가을

도시 집 주변에서 보이는 새 • 74
작은 공원이나 공터에서 보이는 새 • 76
마을 뒷산에서 보이는 새 • 78
작은 산에서 보이는 새 • 80
습지에서 보이는 새 • 82
작은 호수에서 보이는 새 • 84
갯벌에서 보이는 새 • 86

겨울

작은 공원이나 공터에서 보이는 새 • 90
큰 공원에서 보이는 새 • 92
산과 들판이 만나는 곳에서 보이는 새 • 94
들판에서 보이는 맹금 • 96
들판에서 보이는 새 • 98
논에서 보이는 기러기 • 100
들판에서 보이는 큰 새 • 102
작은 하천에서 보이는 오리 1 • 104
작은 하천에서 보이는 오리 2 • 106
습지에서 보이는 새 • 108
호수에서 보이는 물새 1 • 110
호수에서 보이는 물새 2 • 112
바닷가에서 보이는 물새 • 114
동해안 항구에서 보이는 새 • 116
보기 어려운 새 • 118

부록

새는 누구일까요? • 120
우리나라에서 볼 수 있는 새 • 121
새와 사람 사이의 갈등 • 122
새를 보호하는 방법 • 123

찾아보기 • 124
새 관찰 일지 • 127
초등 교과 과정 연계 정보 • 128

탐조 준비물

자연 속에서 새의 생태나 서식지를 관찰하는 것을 '탐조'라고 해요.
탐조 활동을 위해 어떤 준비물이 필요할까요?

모자
탐조 활동을 할 때에는 강한 햇빛이나 바람을 막아 주는 모자가 필수예요.

배낭
탐조 도구와 상비약, 물, 간식, 손수건 등을 넣어요. 탐조할 때 많이 걷기 때문에 되도록 짐을 가볍게 꾸리는 게 좋아요.

옷
새의 눈에 잘 띄는 빨간색, 노란색, 파란색 같은 원색이나 흰색 옷은 피해요. 회색이나 갈색, 짙은 녹색 등 어두운 색깔의 활동하기 편한 옷이 좋아요. 벌레에 물리거나 나뭇가지 등에 다치지 않도록 긴팔과 긴바지를 입어요(냄새에 민감한 새도 있으니 향수나 향이 진한 화장품은 사용하지 않아요).

운동화, 등산화
발을 안전하게 보호하고 오래 걷기에 좋아요.

도감
관찰한 새가 어떤 종류인지 확인하는 데 꼭 필요해요.

스마트폰
위급한 상황에 연락을 하거나 다양한 자료를 검색하고, 간단하게 사진 촬영할 때 사용해요. 새 서식지를 사진으로 찍어서 기록할 수 있어요.

쌍안경
새를 정확하게 관찰하기 위해서 꼭 필요해요. 10배율 정도의 쌍안경이 좋아요.

필드스코프, 대구경 카메라
새를 더 자세하게 관찰할 수 있어요. 렌즈가 큰 카메라나 배율이 높은 필드스코프는 삼각대를 사용해요.

탐조 용어 알아보기

탐조를 하며 새가 어떤 새인지 구별하는 것을 '동정'이라고 해요.
동정을 하려면 새를 그림이나 사진으로 자세히 설명한 도감을 살펴봐야 해요.

텃새 : 일 년 내내 우리나라에서 사는 새.
나그네새 : 봄에는 번식을 위해 우리나라를 거쳐 북쪽으로 올라가고, 가을에는 추위를 피해 우리나라를 거쳐 남쪽으로 내려가는 새.
여름철새 : 여름에 번식을 위해 우리나라를 찾아오는 새.
겨울철새 : 겨울에 추위를 피해 우리나라를 찾아오는 새.
길잃은새 : 본래의 서식지나 이동 경로로부터 떨어져 우리나라를 찾아오는 새. 다른 새 무리에 섞여서 들어오거나 태풍이나 기상 이변 등의 이유로 찾아와요. 때때로 해외에서 들어오는 큰 배와 함께 찾아오는 경우도 있어요.

알 : 새는 알을 낳는 동물이에요.
둥지 : 새가 번식할 때만 사용하는 집. 평상시에는 별도의 집이 없어요.
산란 : 어미새가 알을 낳는 것.
포란 : 어미새가 알을 품는 것.
부화 : 알에서 새끼가 나오는 것.
새끼새 : 어려서 아직 날지 못하는 새. 보통 깃털이 아닌 솜털을 가져요.
육추 : 새끼새가 날기 전까지 어미새가 먹이를 먹여 키우는 것.
이소 : 날거나 걸을 수 있는 새끼새가 둥지를 떠나는 것. 이소를 한 다음에도 얼마 동안 육추가 이어져요.
어린새(유조) : 새끼새가 깃털이 생겨서 날 수 있으면 어린새예요.
어른새(성조) : 번식을 할 수 있는 새.
번식깃 : 번식기나 번식을 준비하는 시기의 깃 상태. 대부분의 새는 봄부터 번식깃을 가지지만 오리는 겨울부터 번식깃을 가져요.
비번식깃 : 번식이 끝난 다음에 나타나는 깃 상태.
변환깃 : 오리의 수컷 비번식깃. 번식지인 시베리아에서 번식이 끝나고 여름철에 나타나는 깃 상태로, 우리나라에서는 보기 어려워요.
기부 : 어떤 형태가 시작되는 부분. 예를 들어 손가락의 기부는 손바닥에서 손가락이 시작되는 지점이에요.

새의 외부 형태와 명칭

새는 하늘을 날기 때문에 몸의 형태가 다른 동물과 많이 달라요. 새의 종류에 따라서도 형태가 조금씩 달라서 부위를 구별하기가 어려워요. 날개를 폈을 때와 달리 날개를 접고 앉아 있으면 잘 보이지 않는 부분도 생기는데, 가장 대표적인 곳이 둘째날개깃이에요. 몸 뒤쪽에 길게 나온 것도 보통은 꼬리라고 생각하지만 첫째날개깃인 경우도 있어요. 새의 종류별로 외부 형태를 알아보아요.

얼굴 - 갈매기

날개 윗면 - 갈매기

날개 아랫면 - 갈매기

앉아 있는 자세 - 갈매기

새의 행동 - 편안한 상태

새는 불안하거나 위협을 느끼면 쉽게 날아가 버리기 때문에 관찰하기가 어려워요. 새의 행동을 구별할 줄 알면 새를 관찰하는 데 많은 도움이 되지요. 먼저 새가 편안한 상태일 때 보이는 행동을 살펴보아요.

먹이 활동
먹이를 먹는 모습은 가장 편안한 상태일 때 보이는 모습이에요. 새는 날기 위해 많은 에너지가 필요하기 때문에 쉬지 않고 먹어요.

개리의 먹이 활동

휴식 활동
가만히 앉아 있거나 머리를 등쪽으로 돌리고 자는 모습은 안정된 상태를 의미해요. 야행성 조류는 밤에 먹이 활동을 하고 낮에는 잠을 자요.

큰논병아리의 휴식 활동

깃털 다듬기
새는 날기 위해서 자주 깃털을 정리해요. 새가 깃털을 다듬고 있다면 편안한 상태라고 할 수 있어요. 목욕을 할 때도 비슷해요.

수리갈매기의 깃털 다듬기

구애 행동
상대를 유혹하는 행동이에요. 보통은 수컷이 암컷에게 하는 행동이지만 가끔은 암컷이 수컷에게 구애하기도 해요.

흰뺨오리 수컷의 구애 행동

새의 행동 - 위협을 느낄 때

새는 위협을 느끼면 단계별로 여러 행동을 해요. 이때 무리해서 접근하면 결국 새가 날아가 버리므로, 기다렸다가 다시 편안한 상태가 되면 접근해요. 위협을 느낄 때 보이는 낮은 단계의 행동부터 높은 단계의 행동까지 순서대로 살펴보아요.

1. 몸 세우기
위협을 느낄 때 보이는 가장 낮은 단계의 행동으로, 주변을 살피기 위해 몸을 세우고 머리를 위로 들어요.

큰기러기의 몸 세우기

2. 고개를 옆으로 돌려 하늘 보기
새는 먹이 활동을 하거나 쉴 때 자주 고개를 옆으로 돌려 하늘을 봐요. 천적인 맹금이 있는지 확인하는 행동이에요.

큰왕눈물떼새의 하늘 보기

3. 납작 엎드리기
맹금이 나타나거나 불안하면 새는 납작 엎드려 움직이지 않아요. 아직은 크게 위협적인 상황은 아니에요.

큰왕눈물떼새의 납작 엎드리기

4. 머리 위아래로 흔들기
물새에게서 자주 보이는 행동으로, 위협이 생기면 머리를 위아래로 흔들어 주변 동료에게 경고해요.

물새의 머리 위아래로 흔들기

5. 경계음 내기
머리 흔들기보다 더 불안한 상황에 하는 행동으로, 머리를 흔들며 경계음을 내어 주변 동료에게 경고해요.

쇠기러기의 경계음 내기

6. 자리 피하기
크기가 큰 새가 위협을 느낄 때 보통 보이는 행동으로, 슬금슬금 걸어서 위협으로부터 멀어져요.

큰기러기의 자리 피하기

7. 날아오르기
위협이 있을 때 가장 많이 보이는 행동이에요. 같은 상황이라도 주변 환경과 새 종류에 따라 위협을 느끼는 강도가 달라요. 사람이 자주 다니는 동네 하천의 왜가리는 둔하고, 인적 드문 시골 하천의 왜가리는 같은 종이지만 예민해요. 또 뜸부기나 잘 걷지 못하는 기러기는 예민한 편이고, 백로나 해오라기, 오리, 도요·물떼새는 덜 예민해요.

8. 공격하기
갈매기나 제비갈매기 등은 천적이 둥지나 번식지 주변에 나타나면 여러 마리가 떼로 달려들어 공격해요. 보통 머리 위로 가까이 날면서 소리를 지르거나 배설을 해요. 새를 관찰할 때 이런 행동을 보이면, 새가 포란을 할 수 있도록 자리를 피해 주어야 해요.

번식지에 들어온 한국재갈매기를 공격하는 검은머리갈매기

새를 찾고 보는 방법

❶ 주변의 소리와 움직임에 집중하면서 천천히 걸으며 새를 찾아요. 주로 사물의 경계면을 잘 살펴보아요.

❷ 새가 보이면 가까이 다가가지 말고, 먼저 어떤 행동을 하는지 관찰해요. 이때 해를 등지고 보면 새가 더 잘 보여요.

❸ 어디에 숨고, 어디에서 조심해야 할지 미리 생각해요. 새에게 다가갈 때는 자세를 낮추고 조용히 움직여요.

❹ 새의 행동을 관찰하며 새가 편안한 상태일 때 접근하고, 위협을 느끼는 상태면 멈춰요. 다시 편안한 모습을 보일 때까지 기다려요.

❺ 새가 어느 정도 잘 보이면 그 자리에서 멈추고 자세하게 관찰해요.

❻ 관찰한 내용을 노트나 스마트폰 등에 기록해요. 탐조는 관찰하고 기록하는 취미 활동이에요.

쌍안경 사용법

안경을 쓴 사람은 왼쪽 그림처럼 쌍안경의 접안렌즈를 넣어서 사용하고, 안경을 안 쓴 사람은 렌즈를 빼서 사용해요. 이렇게 하면 접안렌즈와 눈 사이 거리를 최대한 가깝고 일정하게 유지할 수 있어요.

안경 착용자

안경 비착용자

안경 착용자

안경 비착용자

상황에 따라서 쌍안경을 아주 긴 시간 동안 사용할 때가 있어요. 이때 어지럼증을 방지하려면 쌍안경을 얼굴에 잘 붙여서 사용해요. 새끼손가락과 약지, 중지로 쌍안경을 잡고, 검지와 엄지는 위아래로 벌려요. 엄지는 볼에 붙이고, 쌍안경의 초점은 중지로 조절해요.

봄

봄에는 어떤 새를 볼 수 있을까요?

우리나라에서 겨울을 난 새들이 번식을 위해 북쪽으로 올라가는 시기는 2월부터 4월까지 이어져요.
오리, 기러기, 고니, 두루미, 갈매기와 이들을 사냥하기 위해 찾아온 맹금이 이동을 해요.
3월 말부터 6월까지는 동남아시아나 호주에서 올라오는 도요·물떼새가 우리나라를 거쳐
시베리아까지 올라가 번식하는데, 주로 바닷가와 갯벌, 논, 하천에서 관찰할 수 있어요.
비슷한 시기에 중국에서 서해를 건너 우리나라를 통과하는 작은 산새도 있어요. 작은 산새가 바다를
건너는 것은 목숨을 건 위험한 일이에요. 지치고 힘든 새들은 바다를 건너다가 가장 먼저 눈에 보이는
섬을 찾아요. 서해 먼 바다에 있는 섬들이 여기에 해당하는데, 제일 북쪽 백령도부터 대청도와 소청도,
굴업도, 문갑도, 백아도, 신진도, 홍도, 흑산도, 가거도, 마라도 같은 섬이 대표적이에요.
탐조가들은 봄만 되면 섬에 찾아가요. 운이 좋으면 하루에 새를 100여 종이나 볼 수 있답니다.
봄은 우리나라에서 가장 다양한 새를 볼 수 있는 계절이에요.

도시 집 주변에서 보이는 새

관련 교과 2-2 겨울 〈2. 겨울 탐정대의 친구 찾기〉 / 3-2 과학 〈2. 동물의 생활〉 / 5-2 과학 〈2. 생물과 환경〉

복잡한 도시에도 새가 많이 살아요. 주로 주택가나 아파트 화단, 공터에서 생활하며 잘 적응한 새도 있고, 한창 적응 중인 새도 있어요. 특히 집 주변의 작은 공원에는 다양한 새가 살고 있어요. 작은 쌍안경을 목에 걸고 나가 새를 관찰해 보세요. 생각보다 가까운 곳에서 여러 새를 만날 수 있을 거예요.

날 모르는 사람이 있을까요? 나 참새예요. 참새.

참새 (어른새)
흔한 텃새 15cm
머리는 고동색이고
뺨에 검은색 점이 있어요.

높은 나무에 긴 나뭇가지로 집을 지어 새끼를 키워요.

까치
흔한 텃새 46cm
몸은 검은색이고
어깨와 배는 흰색이에요.

머리의 위쪽은 연회색이고 아래쪽은 검은색이에요.

머리 전체는 회갈색이에요.

딱새 수컷 ♂
흔한 텃새 14cm
수컷은 꼬리를 빠르게 까딱까딱 움직여요.

딱새 암컷 ♀
흔한 텃새 14cm
암컷도 꼬리를 빠르게 까딱까딱 움직여요.

주로 산에 살지만, 집 주변에서도 종종 볼 수 있어요.

멧비둘기
흔한 텃새 33cm
목 옆에 빛나는 하늘색 무늬가 있어요.

공원에 가면 많이 볼 수 있어요.

집비둘기
흔한 텃새 36cm
대부분 몸은 회색이지만, 다양한 색깔을 띠는 개체도 있어요.

아주 시끄러워요. 가만히 있지를 못하고 계속 떠들어요.

직박구리
흔한 텃새 28cm
몸 전체는 회색이고 뺨에 고동색 점이 있어요.

사람들이 까마귀로 알고 있지만 난 큰부리까마귀예요.

큰부리까마귀
흔한 텃새 57cm
부리는 크고 두툼해요.

살펴보아요!

집비둘기에 대하여

집비둘기는 인류가 가장 처음으로 길들여 키운 새예요. 오래전부터 중요한 식량이자 소식을 전하는 도구로 사용되다가 요즘은 행사용이나 경주용, 실험용으로 활용되고 있어요. 특히 '비둘기 레이싱'은 대만이나 호주 등에서 인기가 많다고 해요. 우리나라에서는 주로 도시의 거리나 공원, 하천 등지에서 많이 살고 있는데, 강한 번식력과 배설 등 위생 문제로 인해 기피 대상이 되었어요. 2009년 환경부는 집비둘기를 유해야생동물로 지정하였고 지자체의 허가를 받아 포획할 수 있어요.

발에 가락지를 단 경주용 비둘기

관련 교과 3-2 과학 〈2. 동물의 생활〉 / 5-2 과학 〈2. 생물과 환경〉

시골 집 주변에서 보이는 새

나무가 우거진 깊은 산속보다 사람이 살고 있는 시골 집 주변에서 새를 더 많이 볼 수 있어요. 시골 집 주변에는 새의 먹이가 풍부하기 때문이에요. 사람이 키우는 농작물이나 먹다 버린 음식물 등 먹이와 물을 쉽게 구할 수 있어서 많은 새가 찾아온답니다. 시골 집 주변이나 텃밭, 작은 야산에서 자주 보이는 새를 살펴보아요.

박새 수컷♂
흔한 텃새 14cm
가슴과 배에 검은색 띠가 길게 있어요.

붉은머리오목눈이
흔한 텃새 13cm
몸 전체는 적갈색이에요.

유리딱새 수컷♂
흔한 나그네새 14cm
몸은 푸른색이고 흰색 눈썹선이 있어요.

유리딱새 암컷♀
흔한 나그네새 14cm
몸 전체는 회갈색이에요.

정수리와 뺨, 가슴은 검은색이에요.

노랑턱멧새 수컷♂
흔한 텃새 16cm
턱 밑은 진한 노란색이에요.

몸 전체는 갈색이고 종종 머리깃을 세워요.

노랑턱멧새 암컷♀
흔한 텃새 16cm
턱 밑은 노란색이에요.

몸 전체는 진회색이며 개체마다 얼굴색이 다양해요.

찌르레기
흔한 여름철새 24cm
부리는 주황색이에요.

머리는 회색이에요.

황조롱이 수컷♂
흔한 텃새 33cm
몸 윗면은 적갈색이고 점무늬가 있어요.

살펴보아요!

속담 '뱁새가 황새 따라가면 다리가 찢어진다'의 주인공은 붉은머리오목눈이

예전에는 '뱁새'로 불리다가 일제 강점기를 거치면서 이름이 바뀐 새예요. 덤불 속에서 무리를 이루고 '삐-삐-' 소리를 내며 시끄럽게 떠들면서 돌아다녀요. 워낙 작고 빠르게 움직여서 자세히 관찰하기가 어렵지만, 조금만 기다리다 보면 덤불 밖으로 나오는 붉은머리오목눈이를 볼 수 있을 거예요.

붉은머리오목눈이

관련 교과 3-2 과학 〈2. 동물의 생활〉 / 5-2 과학 〈2. 생물과 환경〉

작은 공원이나 공터에서 보이는 새

도시와 시골의 작은 공원이나 공터에는 많은 새가 살고 있어요.
공원은 나무가 듬성듬성 심어져 있어서 천적이 있는지 없는지 확인하기 좋고,
천적이 달려들어도 쉽게 도망갈 수 있어요. 뱀이나 삵 같은 무서운 천적도 없지요.
공터는 풀이 많고 텃밭을 가꾸기도 하기 때문에 새들의 먹이가 풍부해요.
공원이나 공터에 조용히 앉아 있으면 금새 귀여운 작은 새를 만날 수 있어요.

오목눈이
흔한 텃새 14cm
정수리는 흰색이고 굵은 검은색 눈썹선이 있어요.

등과 옆구리는 연분홍색이에요.

물까치
흔한 텃새 37cm
날개는 연하늘색이에요.

머리는 검은색이고 등은 연회색이에요.

진박새
흔한 텃새 11cm
턱 밑에서 가슴까지 검은색이에요.

등은 청회색이에요.

쇠박새
흔한 텃새 12cm
턱 밑은 검은색이에요.

등과 날개는 연회색이에요.

첫째날개깃 끝이 흰색이에요.

첫째날개깃 끝에 흰색 부분이 적어요.

밀화부리 수컷 ♂
드문 나그네새 19cm
머리부터 뺨 아래까지 검은색이에요.

밀화부리 암컷 ♀
드문 나그네새 19cm
머리는 연갈색이에요.

턱 밑이 검은색이에요.

턱 밑이 흰색이고 가는 줄무늬가 있어요.

흰배지빠귀 수컷 ♂
흔한 여름철새 23cm
머리는 진한 회갈색이에요.

흰배지빠귀 암컷 ♀
흔한 여름철새 23cm
몸 전체는 연갈색이에요.

신종 조류와 미기록종 조류

'신종'은 전 세계적으로 처음 관찰된 새를 말해요. 하지만 이미 전 세계의 수많은 학자와 사람들이 새로운 새를 발견하고 이름을 붙였기 때문에 더 이상 신종이 나올 확률은 희박해요. 다른 나라에서는 관찰되었지만 우리나라에서는 처음 관찰된 새는 '미기록종'이라고 해요. 기후 변화 등의 이유로 미기록종이 발견되는 경우가 종종 생기는데, 이때 그 새를 처음 관찰한 사람이 한국 이름을 만들어 줄 수도 있답니다.

미기록종 집까마귀

관련 교과 2–2 겨울 〈2. 겨울 탐정대의 친구 찾기〉 / 3–1 과학 〈3. 동물의 한살이〉 / 5–2 과학 〈2. 생물과 환경〉

큰 공원에서 보이는 새

도시 속에 자리한 큰 공원은 마치 바다의 섬처럼 새에게는 아주 중요한 서식지예요. 숲이 우거지고 큰 나무가 많아서 다양한 새를 만날 수 있어요. 새들은 공원 안의 작은 연못에서 쉽게 물을 구하고, 크기가 큰 나무에는 나무 구멍을 내어 번식을 하기도 해요. 공원 속 인적이 드문 곳에 인공 둥지를 만들어 나무에 매달아 주면 새들이 쉽게 번식을 할 수 있답니다.

작은 나뭇가지나 갈대에 앉아요.

꼬리를 자주 까딱까딱 움직여요.

검은딱새 수컷 ♂
흔한 여름철새 13cm
머리와 등은 검은색이에요.

검은딱새 암컷 ♀
흔한 여름철새 13cm
등은 진갈색이고 배는 연갈색이에요.

긴 부리로 땅강아지를 잡아먹어요.

'또르륵 또르륵' 소리를 내며 울어요.

후투티
흔한 여름철새 28cm
머리에 인디언 추장 같은 장식깃이 있어요.

방울새
흔한 텃새 14cm
머리는 연한 회갈색이고 부리는 연분홍색이에요.

봄

눈앞과 뺨선은 검은색이에요.

멧새 수컷 ♂
흔한 텃새 16cm
몸 전체는 진갈색이에요.

흰색 눈썹선이 있어요.

멧새 암컷 ♀
흔한 텃새 16cm
몸 전체는 연갈색이에요.

얼굴에 큰 붉은색 볏이 있어요.

꿩 수컷 ♂
흔한 텃새 90cm
몸 색깔이 화려하며, 긴 꼬리가 있어요.

수컷에 비해 꼬리가 짧아요.

꿩 암컷 ♀
흔한 텃새 60cm
몸 전체는 갈색 바탕에 진한 고동색 점무늬가 있어요.

 살펴보아요!

인디언 추장 머리를 한 후투티

특이한 외모로 시선을 끄는 후투티는 뽕나무 열매인 오디를 잘 먹는다고 해서 '오디새'라고 불렸으나, '훗-훗-' 소리를 내며 울어서 '후투티'라는 순우리말 이름을 가지게 되었어요. 후투티는 여름철새지만 남부 지방에서 소수가 겨울을 난다고 알려져 있었어요. 하지만 기후 변화로 서식지가 점점 북쪽으로 올라오면서 최근에는 중부 지방에서도 월동하는 후투티가 자주 관찰되고 있어요. 긴장을 하면 머리의 장식깃을 활짝 펴기도 해요.

후투티

관련 교과 3-2 과학 〈2. 동물의 생활〉 / 5-2 과학 〈2. 생물과 환경〉

마을 뒷산에서 보이는 새

마을 근처의 작은 야산에는 우리가 평소에 자주 볼 수 있는 다양한 새가 살아요.
특히 새들의 이동 시기인 봄이나 가을에는 더 많은 새가 찾아와 번식을 하기도 해요.
봄철 작은 야산에는 새들이 좋아하는 나무 새순과 애벌레가 가득하답니다.
새가 좋아하는 먹이가 풍부한 곳에 가면 많은 새를 볼 수 있어요.

울음 소리가 귀신 소리 같다고 해서 '귀신새'라고도 해요.

호랑지빠귀
흔한 여름철새 30cm
몸은 연갈색 바탕에 검은색 물결무늬가 있어요.

주로 계곡에서 살아요.

물까마귀
흔한 텃새 22cm
몸 전체는 진한 고동색이에요.

부리로 나무를 쪼아 소리를 내요.

오색딱다구리 암컷♀
흔한 텃새 24cm
머리 뒤에 붉은색 점이 없어요.

배는 붉은색이에요.

오색딱다구리 수컷♂
흔한 텃새 24cm
머리 뒤에 붉은색 점이 있어요.

노랑지빠귀
흔한 겨울철새 23cm
옆구리는 흰색이며
갈색 점무늬가 있어요.

개똥지빠귀
흔한 겨울철새 23cm
옆구리는 흰색이며
검은색 물결무늬가 있어요.

노랑딱새 수컷 ♂
흔한 나그네새 13cm
턱 밑에서 가슴까지
진갈색이에요.

노랑딱새 암컷 ♀
흔한 나그네새 13cm
턱 밑에서 가슴까지
연갈색이에요.

살펴보아요!

물에 사는 산새, 물까마귀

물까마귀는 산새지만 주로 산에 있는 계곡에서 생활해요. 물속에 사는 수서곤충이나 애벌레를 잡아먹고, 물가의 폭포 뒤쪽 바위틈에 둥지를 만들어 번식을 해요. 산새가 물속을 잠수해서 먹이 사냥을 하는 모습은 정말이지 경이롭답니다. 계곡에 가만히 앉아 있으면 계곡을 따라 빠르게 날아가는 물까마귀를 볼 수 있어요.

수영하는 물까마귀

관련 교과 3-2 과학 〈2. 동물의 생활〉 / 5-2 과학 〈2. 생물과 환경〉

숲에서 보이는 새

숲은 작은 산새가 가장 많이 살고 있는 곳이에요. 크고 작은 나무들로 어우러진 숲에는 새들이 좋아하는 애벌레도 많고, 번식을 하기 알맞은 장소도 많아요. 숲과 마을이 만나는 경계선이나 숲과 들판이 만나는 경계선, 숲과 하천이 만나는 경계선에는 특히 더 많은 새가 살아요. 이런 경계선은 서로 다른 생태가 겹쳐져서 새의 먹이가 되는 생물이 풍부하기 때문이에요.

성격이 괄괄해서 까치와 싸워 둥지를 빼앗기도 해요.

'산까치'라고도 해요.

어치
흔한 텃새 33cm
첫째날개덮깃에 하늘색과 검은색 줄무늬가 있어요.

파랑새
흔한 여름철새 30cm
몸 전체는 진한 초록색이고 부리는 주황색이에요.

나무껍질을 쪼아 벌레를 잡아먹어요.

굵은 흰색 눈테가 있어요.

쇠딱다구리
흔한 텃새 15cm
등에 진한 흑갈색과 흰색 가로줄 무늬가 있어요.

동박새
흔한 텃새 12cm
머리와 등은 녹색이에요.

'조로 마스크'같은 검은색 눈선이 있어요.

눈선이 없거나 수컷에 비해 색이 연해요.

때까치 수컷♂
흔한 텃새 20cm
등은 회색이에요.

때까치 암컷♀
흔한 텃새 20cm
등은 갈색이에요.

수컷은 배가 흰색이에요.

암컷도 배가 흰색이에요.

큰유리새 수컷♂
흔한 여름철새 17cm
머리는 파란색이고
얼굴은 검은색이에요.

큰유리새 암컷♀
흔한 여름철새 17cm
머리와 등은 연갈색이에요.

살펴보아요!

작은 맹금, 때까치

때까치는 부리가 매우 날카롭고 위아래로 서로 엇갈려 있어서 사냥을 아주 잘해요. 곤충은 물론 작은 포유류와 새까지 사냥하는데, 때로는 잡은 먹이를 자신의 영역에 있는 나뭇가지에 걸어 놓기도 해요. 나무에 곤충이나 새, 쥐 같은 것이 걸려 있다면 주위를 살펴보세요. 때까치 울음소리가 들릴 거예요. 때까치의 울음소리는 까치와 비슷하지만 소리가 훨씬 작고 빨라요.

때까치 먹이(왼쪽)와 때까치 부리(오른쪽)

관련 교과 3-2 과학 〈2. 동물의 생활〉 / 5-2 과학 〈2. 생물과 환경〉

밭에서 보이는 새

밭은 새들에게 먹이 창고나 다름없어요. 떨어져 있는 곡식 낟알도 많고 농작물을 먹던 벌레들도 땅속에 살고 있어요. 밭을 갈면 땅속에 있던 벌레가 올라오는데, 어떤 새들은 이런 과정을 다 알고 있는 것 같아요. 농부가 밭을 갈고 있으면 주변에 앉아서 농부가 밭을 다 갈고 떠나기만을 기다리니까요. 봄철 밭으로 탐조를 떠나면 이렇게 똑똑한 새가 있는지 확인해 보세요.

알락할미새 수컷 ♂
흔한 여름철새 21cm
얼굴과 턱은 흰색이에요.

검은턱할미새
드문 나그네새 20cm
턱 밑에서 가슴까지 검은색이에요.

힝둥새
흔한 나그네새 16cm
등은 녹갈색이고
옆은 무늬가 있어요.

잿빛쇠찌르레기
귀한 나그네새 18cm
머리와 등, 가슴은 회색이에요.

가슴과 배에 무늬가 없어요.

가슴과 배에 흑갈색 세로줄 무늬가 있어요.

쇠솔딱새
흔한 나그네새 13cm
아래꼬리덮깃은 흰색이에요.

제비딱새
흔한 나그네새 14cm
아래꼬리덮깃은 흰색이에요.

가슴과 배에 연한 흑갈색 세로줄 무늬가 있어요.

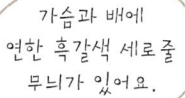

눈테는 흰색이에요.

솔딱새
드문 나그네새 14cm
아래꼬리덮깃에 검은색 줄무늬가 있어요.

쇠붉은뺨멧새
흔한 나그네새 13cm
얼굴은 고동색이에요.

살펴보아요!

솔딱새가 먹이를 잡는 방법

솔딱새가 좋아하는 먹이는 날아다니는 작은 벌레예요. 솔딱새는 날아다니는 작은 벌레를 어떻게 잡을까요? 솔딱새의 영어 이름은 '날아다니면서 잡는 사람'이란 뜻의 '플라이캐처(Flycatcher)'라고 하는데, 이름의 뜻 그대로 날아다니면서 먹이 사냥을 한답니다. 나뭇가지 끝에 앉아 있다가 날아다니는 벌레가 보이면 그대로 날아가서는 부리로 잡아먹어요.

솔딱새

관련 교과 2-2 겨울 〈2. 겨울 탐정대의 친구 찾기〉 / 3-1 과학 〈3. 동물의 한살이〉 / 5-2 과학 〈2. 생물과 환경〉

논에서 보이는 새

논에서는 백로같은 크기가 큰 물새를 다양하게 볼 수 있어요. 새들의 먹이가 되는 미꾸라지나 작은 수서곤충이 논에 많이 살기 때문이에요. 백로는 봄에 논을 갈기 시작할 때쯤 찾아와서는 모를 심고 벼가 자라는 동안에도 계속 머물면서 번식을 해요. 번식기가 끝난 다음에도 논이나 하천에서 먹이를 사냥하면서 새끼를 키운답니다. 논에서 지내는 백로를 꾸준히 관찰하면 계절에 따라 변하는 백로의 생김새도 비교해 볼 수 있어요.

제비
흔한 여름철새 18cm
꼬리는 길고 양쪽으로
갈라져 있어요.

왜가리 (어른새)
흔한 여름철새 95cm
부리는 주황색이에요.

황로 (번식깃)
흔한 여름철새 50cm
머리와 목은 주황색이에요.

황로 (비번식깃)
흔한 여름철새 50cm
몸 전체는 흰색이에요.

눈에서 부리까지 이어진 피부가 푸른색이에요.

중대백로(번식깃)
흔한 여름철새 87cm
다리 기부(5쪽 용어 참조)는 연분홍색이에요.

눈에서 부리까지 이어진 피부가 노란색이에요.

중백로(번식깃)
흔한 여름철새 66cm
머리는 둥근 모양이에요.

발은 노란색이에요.

부리는 검은색이고 주름이 많아요.

쇠백로
흔한 여름철새 60cm
머리 뒤쪽에 긴 장식깃이 2개 있어요.

저어새(어른새)
드문 여름철새 74cm
번식기에는 가슴이 갈색이에요.

 살펴보아요!

저어새 생존기

저어새는 무릎이 잠기는 깊이의 물에서 넓적한 부리를 휘둘러 먹이를 사냥해요. 이런 습성을 가진 저어새가 살기에 가장 적합한 곳은 갯벌이에요. 하지만 점점 줄어드는 갯벌과 저어새의 낮은 먹이 사냥 성공률로 인해, 한때는 지구상에 350여 마리만 남았던 적도 있었어요. 다행히도 사람들의 적극적인 노력으로 최근에는 전 세계적으로 5천 마리가 넘는 저어새가 살고 있답니다.

먹이를 사냥하는 저어새

논에서 보이는 도요새

5월은 모내기의 계절이자 도요새가 찾아오는 시기예요. 농부가 모를 심기 위해 논을 갈고 물을 채우면 땅속에 있던 수많은 작은 곤충과 지렁이가 올라와요. 멀리서 날아온 배고픈 도요새에게는 아주 좋은 먹이감이지요. 맛있는 벌레를 마음껏 먹는 도요새에게도, 도요새를 실컷 관찰할 수 있는 탐조가에게도 5월은 참 풍요로운 달이에요.

민물을 좋아해요.

흑꼬리도요
흔한 나그네새 38cm
부리는 길고 직선이에요.

머리는 주황색이에요.

메추라기도요
흔한 나그네새 21cm
몸 전체에 주황색이 섞여 있어 화려하며, 다리는 노란색이에요.

누가 다가오면 가만히 있다가 '꺅' 하고 날아가요.

꺅도요
흔한 나그네새 26cm
부리는 몸에 비해 길어요.

부리는 가늘고 뾰족해요.

쇠청다리도요
드문 나그네새 25cm
청다리도요(40쪽)와 비슷하게 생겼지만, 크기가 훨씬 작아요.

다리는 노란색이에요.

종달도요
흔한 나그네새 15cm
아랫부리 기부가 노란색이에요.

눈썹선이 없고 다리는 노란색이에요.

흰꼬리좀도요
귀한 나그네새 14cm
몸 윗면은 회색이에요.

흰색 눈선이 눈 앞에 있어요.

삑삑도요
흔한 나그네새 23cm
알락도요보다 다리 색은 진하고
등 무늬는 작아요.

흰색 눈선이 눈 앞뒤에 있어요.

알락도요
흔한 나그네새 21cm
삑삑도요보다 다리 색은 연하고
등 무늬는 커요.

'무논'에는 새가 찾아와요!

논에 물이 있으면 겨울에도 오리나 기러기, 두루미 등 많은 새가 먹이를 먹으러 찾아와요. 이렇게 물이 괴어 있는 논을 '무논'이라고 해요. 추수가 끝난 논에 물을 채워 무논으로 만들면 새가 찾아와서 먹이를 먹고 배설을 한답니다. 논은 더욱 비옥해지고, 탐조 가는 새를 볼 수 있으니 일석이조겠지요?

무논을 찾은 기러기 떼

관련 교과 | 2-2 겨울 〈2. 겨울 탐정대의 친구 찾기〉 / 3-2 과학 〈2. 동물의 생활〉 / 5-2 과학 〈2. 생물과 환경〉

작은 하천에서 보이는 새

작은 하천은 산과 들판이나 논, 도시의 작은 산 주위를 흘러요. 이렇게 하천과 만나는 곳에는 먹이가 풍부하기 때문에 많은 새가 찾아와요. 물가에서 먹이를 먹는 새뿐만 아니라 주변 갈대밭에서 번식을 하는 새도 볼 수 있답니다. 특히 자주 관찰되는 할미새는 작은 하천을 대표하는 새라고 할 수 있어요. 할미새는 서로 비슷하게 생겨서 구별이 쉽지는 않지만 어떤 할미새인지 자세히 관찰해 보아요.

노란색 눈썹선이 있어요.

머리는 청회색이고 흰색 눈썹선이 있어요.

긴발톱할미새
흔한 나그네새 17cm
몸 아랫면이 노란색이에요.

흰눈썹긴발톱할미새
흔한 나그네새 17cm
몸 아랫면이 노란색이에요.

턱 밑이 검은색이에요.

턱 밑이 흰색이에요.

노랑할미새 수컷♂
흔한 여름철새 20cm
수컷은 다리는 분홍색이고, 회색 머리에 흰색 눈썹선이 있어요.

노랑할미새 암컷♀
흔한 여름철새 20cm
암컷도 다리는 분홍색이고, 회색 머리에 흰색 눈썹선이 있어요.

흰배멧새 수컷♂
흔한 나그네새 15cm
머리는 검은색이고
흰색 정수리선이 있어요.

흰배멧새 암컷♀
흔한 나그네새 15cm
머리는 진갈색이고
황갈색 정수리선이 있어요.

촉새 수컷♂
흔한 나그네새 15cm
머리와 가슴은 진회색이에요.

촉새 암컷♀
흔한 나그네새 15cm
몸 전체에 회갈색 줄무늬가
있어요.

눈선과 눈썹선

새의 생김새나 특징을 알면 새를 잘 구별할 수 있어요. 얼굴 생김새가 가장 중요한데, 특히 눈 주위에서 다양한 특징을 찾을 수 있어요. 눈선과 눈썹선은 어떻게 다를까요? 눈선은 왼쪽 사진과 같이 눈을 지나가는 선이고, 눈썹선은 오른쪽 사진처럼 눈 바로 위쪽을 지나가는 선이에요. 다른 새들의 눈 주위도 유심히 살펴보세요.

백할미새(왼쪽)와 흰눈썹긴발톱할미새(오른쪽)

관련 교과 3-2 과학 〈2. 동물의 생활〉 / 5-2 과학 〈2. 생물과 환경〉

습지에서 보이는 새

습지에는 다양한 생물이 살고 있어요. 물과 땅이 골고루 섞여 있어서 물에 사는
생물과 땅에 사는 생물이 함께 살아가지요. 이렇게 서로 다른 환경이 만나는 곳은
여러 생물을 관찰하기에 좋고, 새들이 먹이 활동을 하기에도 안성맞춤이에요.
습지에서는 새가 갈대나 풀숲 속에 있어서 잘 보이지 않을 때가 있어요.
잠시만 조용히 기다리면 물 쪽으로 나오는 새의 모습을 볼 수 있을 거예요.

집오리
흔한 텃새 65cm
청둥오리를 길들여 키우다가
집오리가 되었어요.

대부분은 흰색이지만 다양한 색깔의 집오리도 있어요.

민물가마우지
흔한 텃새 87cm
물가에 아주 큰 검은색 새가
있다면 민물가마우지일 거예요.

잠수를 아주 잘해요.

검은가슴물떼새 (어른새)
드문 나그네새 24cm
목에서 배까지는 검은색이고, 등은 검은색
점무늬가 자글자글하게 있어요.

바다보다는 민물을 좋아해요.

검은가슴물떼새 (어린새)
드문 나그네새 24cm
몸은 황금색 바탕에 검은색 점무늬가 있어요.

어른새 몸은 검은색이고, 어린새 몸은 황금색이에요.

학도요 (번식깃)
흔한 나그네새 30cm
몸 전체가 검은색인 도요새는
학도요뿐이에요.

학도요 (비번식깃)
흔한 나그네새 30cm
아랫부리 기부가 붉은색이에요.

붉은발도요
흔한 나그네새 28cm
부리 기부 전체가 붉은색이에요.

노랑발도요
흔한 나그네새 25cm
몸 전체는 회갈색이고
긴 흰색 눈썹선이 있어요.

민물가마우지의 이상한 행동

민물가마우지는 다른 새와 달리 날개를 자주 펼치고 앉아서 깃털을 말려요. 왜 이런 행동을 하는 걸까요? 대부분의 새는 기름샘에서 나오는 기름을 깃털에 바르기 때문에 날개가 젖지 않아요. 하지만 민물가마우지는 잠수를 하기 위해 깃털에 기름 바르는 것을 포기했어요. 덕분에 잠수는 잘 할 수 있지만, 체온을 유지하려면 자주 물가에 나와 젖은 깃털을 말려야 해요.

깃털을 말리는 민물가마우지

관련 교과 2–2 겨울 〈2. 겨울 탐정대의 친구 찾기〉 / 3–1 과학 〈3. 동물의 한살이〉 / 5–2 과학 〈2. 생물과 환경〉

작은 호수에서 보이는 새

작은 호수에는 다양한 물새가 살아요. 원앙과 해오라기 등은 먹이 활동을 하고, 물닭과 쇠물닭, 논병아리 등은 호수 안 갈대 주변에서 물풀을 모아 둥지를 만들고 번식을 해요. 번식기가 끝난 호수에서는 올해 태어난 어린새를 볼 수 있답니다. 뿐만 아니라 호숫가 나무 주변에서는 여러 산새도 관찰할 수 있어요.

오리 중에 가장 화려해요.

가슴과 옆구리에 흰색 반점이 있어요.

원앙 수컷 ♂
흔한 텃새 45cm
부리가 붉은색이에요.

원앙 암컷 ♀
흔한 텃새 45cm
부리가 검붉은색이에요.

눈은 붉은색이에요.

눈은 노란색이에요.

해오라기 (어른새)
흔한 텃새 53cm
군청색 머리 뒤로 긴 흰색 장식깃이 있어요.

검은댕기해오라기 (어른새)
흔한 여름철새 49cm
군청색 머리 뒤로 긴 검은색 장식깃이 있어요.

봄

물갈퀴와 비슷한 '판족'이 있어요.

물닭 (어른새)
흔한 텃새 40cm
이마는 흰색이에요.

판족이 없고 발가락이 길어요.

쇠물닭 (어른새)
흔한 여름철새 33cm
이마와 부리는 붉은색이에요.

뺨과 목이 진한 적갈색이에요.

논병아리 (번식깃)
흔한 텃새 26cm
부리 기부에 흰색 점이 있어요.

머리 위쪽이 진한 흑갈색이에요.

논병아리 (비번식깃)
흔한 텃새 26cm
눈은 황백색이에요.

살펴보아요!

새의 2차 번식

새 중에는 1년에 한 번이 아니라 여러 번 번식을 하는 경우가 있는데, 이것을 '2차 번식'이라고 해요. 어떤 물새는 새끼새가 이소하자마자 2차 번식을 시작하기도 해요. 아직 육추를 더 해야 하는데도 말이죠. 새끼새를 데리고 다니는 어미새가 둥지를 고치고 있다면 2차 번식을 준비하고 있는 거예요. 가끔은 먼저 태어난 새끼새가 2차 번식으로 태어난 새끼새를 돌보는 일도 있어요. 부모 연습을 일찍 시작하는 걸까요?

2차 번식 중인 물닭

관련 교과 3-2 과학 〈2. 동물의 생활〉 / 5-2 과학 〈2. 생물과 환경〉

강 하구나 항구에서 보이는 새

민물과 바닷물이 만나는 강 하구에는 넓은 습지가 잘 발달해 있고 먹이가 풍부해서 새가 많이 살아요. 항구는 방파제로 둘러싸여 파도를 피하기 좋고, 주변에 사람이 버린 음식물도 많아서 새들이 좋아해요. 항구는 배가 드나드는 복잡한 장소이지만 한적한 곳도 있어요. 그런 곳을 살펴보면 뜻밖의 새를 만날 수 있어요.

괭이갈매기(어른새)
흔한 텃새 50cm
부리 끝에 검은색과 빨간색 무늬가 있어요.

날 때 꼬리 끝에 검은색 띠가 보여요.

중부리도요
흔한 나그네새 43cm
머리 위 양쪽으로 검은색 선이 있어요.

허리가 흰색이에요.

알락꼬리마도요
흔한 나그네새 60cm
배가 연갈색이에요.

날개 밑에 검은색 점무늬가 있어요.

마도요
흔한 나그네새 58cm
배가 흰색이에요.

날개 밑이 흰색이에요.

날개 앞이 검은색이에요.

세가락도요
흔한 겨울철새 20cm
민물도요(41쪽)와 크기는 비슷하며 부리는 짧아요.

도요새 중에 가장 화려해요.

꼬까도요
흔한 나그네새 22cm
다리는 주황색이에요.

긴 부리가 위로 들려 있어요.

큰뒷부리도요 (비번식깃)
흔한 나그네새 40cm
등 무늬가 흑꼬리도요(30쪽)에 비해 단순해요.

긴 부리가 위로 들려 있어요.

큰뒷부리도요 (번식깃)
드문 나그네새 40cm
얼굴 앞쪽에서 배까지 주황색이에요.

새의 허리는 어디일까요?

사람의 허리는 꼬리뼈 위쪽에 있어요. 새도 비슷하게 꼬리깃 위쪽을 허리라고 불러요. 새 종류에 따라 다양한 색깔의 허리를 가지고 있는데, 어떤 새는 허리 색깔을 보아야 동정을 할 수 있어요. 하지만 날개를 접고 있으면 허리가 보이지 않아요. 이럴 때는 잠시만 기다려 보세요. 새는 쉴 새 없이 움직이니까 곧 허리를 볼 수 있을 거예요.

노랑허리솔새 허리

관련 교과 3-2 과학 〈2. 동물의 생활〉 / 5-2 과학 〈2. 생물과 환경〉

갯벌에서 보이는 새

봄철 갯벌에는 수많은 도요새와 물떼새가 찾아와요. 호주나 뉴질랜드, 동남아시아 등에서 날아와서는 잠시 쉬면서 체력을 키운 다음 북쪽 시베리아까지 올라가 번식을 해요. 우리나라 갯벌은 멀리 이동하는 도요·물떼새에게 매우 중요한 휴식처이자 먹이터랍니다. 갯벌에 새를 보러 갈 때에는 밀물과 썰물이 들어오고 나가는 물때를 잘 맞추는 것이 중요해요. 바닷물이 많이 들어오는 밀물 시간에 가면 가까운 거리에서 새를 관찰할 수 있어요.

청다리도요
흔한 나그네새 35cm
다리는 노란색을 띤
연한 회녹색이에요.

붉은어깨도요
흔한 나그네새 29cm
가슴에는 검은색 반점이 있고
등에는 적갈색 반점이 있어요.

왕눈물떼새
흔한 나그네새 20cm
가슴 위쪽에 가는 목선이
이어져 있어요.

흰물떼새 수컷 ♂
흔한 나그네새 17cm
가슴 위쪽에 검은색 목선이
끊어져 있고, 목 뒤쪽은 흰색이에요.

40 봄

좀도요
흔한 나그네새 15cm
부리와 다리는 검은색이에요.

"부리는 종달도요(31쪽)보다 조금 짧아요."

민물도요
흔한 나그네새 19cm
배는 검은색이거나 검은색으로 바뀌는 중이에요.

"부리가 아래로 살짝 굽어 있어요."

개꿩 (어른새)
흔한 나그네새 29cm
얼굴부터 배까지 검은색이에요.

"바닷가를 좋아해요."

개꿩 (어린새)
흔한 나그네새 29cm
몸 윗면에 흰색과 흑갈색 작은 점무늬가 있어요.

"나도 바닷가를 좋아해요."

살펴보아요!

새의 다리

새의 다리는 사람과 비슷한 구조이지만 부위별로 위치와 명칭이 달라요. ①허벅지는 사람 허벅지에 해당하는 부위로 몸통 안으로 들어가 있어 보이지 않아요. ②경부는 사람 허벅지처럼 보이지만 사람 정강이에 해당하는 부위예요. ③무릎은 사람 발꿈치에 해당하는 부위로 사람 무릎과는 다르게 뒤쪽으로 접혀요. ④부척은 사람 정강이처럼 보이지만 사람 발바닥에 해당하는 부위예요. ⑤새는 발가락으로만 걸어요.

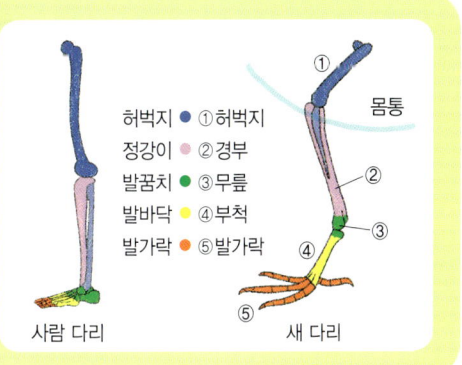

서해 섬에서 보이는 새 1

봄은 번식을 위해 시베리아로 올라가는 산새들이 이동하는 시기예요. 중국에서 출발한 산새들은 서해를 지나 우리나라에 잠시 찾아오는데, 먼 바다를 건너와 지치고 허기진 새들은 가장 먼저 눈에 띄는 섬에 들어가 휴식을 해요. 이 시기에 서해 가장 바깥쪽 섬에 가면 매우 다양한 산새를 만날 수 있어요. 이런 지리적 특성을 가지고 있는 곳은 전 세계적으로도 매우 드물어요.

산솔새
흔한 여름철새 12cm
머리 가운데에 가는 선이 있어요.

노랑눈썹솔새
흔한 나그네새 11cm
둘째날개깃 기부가 검은색이에요.

꾀꼬리
흔한 여름철새 26cm
몸 전체는 노란색이에요.

밤색날개뻐꾸기
길잃은새 46cm
몸 윗면은 검은색이고, 날개는 적갈색이며, 몸 아랫면은 흰색이에요.

황금새 수컷 ♂

드문 나그네새 14cm
등은 검은색이고 가슴은
진한 노란색이에요.

황금새 암컷 ♀

드문 나그네새 14cm
부리는 검은색이에요.

흰눈썹황금새 수컷 ♂

드문 여름철새 13cm
등은 검은색이고 가슴은 연노란색이에요.

흰눈썹황금새 암컷 ♀

드문 여름철새 13cm
몸은 회갈색이고 부리는 검은색이에요.

솔새는 구별하기 어려워요

탐조 경험이 많은 사람도 우리나라에 찾아오는 솔새를 구별하기는 쉽지 않아요. 어떤 솔새인지 알아내려면 정확한 옆면 사진을 비롯한 새의 다양한 자세가 찍힌 사진이 필요해요. 하지만 솔새는 나뭇가지 주위를 분주히 돌아다니며 먹이를 사냥하기 때문에 사진 촬영하기가 무척 어려워요. 끈기 있게 관찰하다가 솔새가 잠깐 쉬는 틈을 노려야 하는데, 그 시간이 5초가 채 되지 않아요.

솔새 옆모습

서해 섬에서 보이는 새 2

탐조가는 매년 봄이 되면 섬을 찾아갈 생각에 가슴이 설레요. 새들이 이동하는 4월 중순에서 5월 말 사이에는 섬에서 수많은 나그네새와 여름철새를 만날 수 있으니까요. 주로 찾는 섬은 서해 가장 바깥쪽에 있는 작은 섬들로 백령도와 소청도, 연평도, 굴업도, 백아도, 가의도, 외연도, 어청도, 홍도, 가거도 등이 있어요.

얼굴에 '조로 마스크' 같은 검은색 무늬가 있어요.

칡때까치
드문 여름철새 18cm
머리는 청회색이고 날개와 등은 비늘무늬가 있는 고동색이에요.

주황색 '납막'이 있어요.

붉은배새매 수컷♂
드문 여름철새 30cm
눈은 진한 암적색이고 가슴과 배는 흰색이에요.

흰색 눈썹선이 있어요.

진홍가슴
귀한 나그네새 16cm
턱 밑은 붉은색이에요.

눈테는 노란색이에요.

대륙검은지빠귀
귀한 나그네새 26cm
몸 전체는 진한 흑갈색이에요.

"얼굴은 진한 회갈색이에요."

흰눈썹붉은배지빠귀
드문 나그네새 23cm
흰색 눈썹선이 있으며,
아랫부리 기부는
노란색이에요.

"얼굴 앞쪽은 검은색이에요."

검은머리촉새
귀한 나그네새 15cm
목 앞쪽에 노란색
줄무늬가 있어요.

"머리는 진한 고동색이에요."

꼬까참새
귀한 나그네새 14cm
가슴과 배는 연노란색이며
가는 세로줄 무늬가 있어요.

"흰색 눈썹선이 있어요."

물레새
귀한 여름철새 16cm
가슴에 복잡한 모양의 검은색 무늬가 있어요.

살펴보아요!

노랑부리백로는 보호 조류예요
노랑부리백로는 천연기념물 361호, 멸종위기야생생물 I급, IUCN VU(야생에서 절멸 위기에 처할 가능성 높음)로 지정되어 보호 받고 있는 새예요. '천연기념물'은 동물(서식지·번식지·도래지 포함), 식물, 지질·광물 등 가운데 중요한 가치가 있는 것을 보호하기 위해 국가에서 지정한 문화재예요. '멸종위기야생생물'은 환경부에서 지정한 보호 생물로, I급(멸종 위기에 처한 야생 생물)과 II급(가까운 장래에 멸종 위기에 처할 우려가 있는 야생 생물)으로 구분해요. '국제자연보전연맹(IUCN)'에서는 생물종의 전 세계적 보존 상태를 9개 범주로 구분하여 생물종의 멸종 위기 상태를 평가해요.

노랑부리백로

관련 교과 3-2 과학 〈2. 동물의 생활〉 / 5-2 과학 〈2. 생물과 환경〉

서해 섬에서 보이는 새 3

섬에 도착한 새들 중에는 먼 이동으로 힘들고 지쳐서 잘 날지 못하는 새도 있어요. 이런 새들을 위해 탐조가는 먹이를 가져다 주기도 하고, 물을 쉽게 먹을 수 있도록 작은 물웅덩이를 만들기도 해요. 먹이로는 들깨나 밀웜 등이 좋아요.
섬에서 휴식을 취하고 기운을 차린 새들은 다시 번식지를 향해 날아간답니다.

등과 날개는 자주색 광택이 있는 검은색이에요.

쇠찌르레기
귀한 나그네새 19cm
턱과 가슴, 배는 흰색이에요.

아랫부리가 연분홍색이에요.

흰등밭종다리
귀한 나그네새 14cm
등에 흰색 세로줄이 있어요.

머리와 등, 가슴은 검은색이에요.

검은머리딱새
귀한 나그네새 14cm
배는 진한 주황색이에요.

이마와 정수리에 노란색 세로줄 무늬가 1개 있어요.

노랑정수리북미멧새
길잃은새 18cm
가슴과 배는 연회색이에요.

"눈앞이 검은색이에요."

"눈앞에 검은색 무늬가 없어요."

무당새 수컷 ♂
귀한 나그네새 14cm
수컷은 몸 전체가
녹색을 띤 갈색이에요.

무당새 암컷 ♀
귀한 나그네새 14cm
암컷도 몸 전체가 녹색을
띤 갈색이에요.

"뺨은 적갈색이에요."

"가슴에 파란색 가로줄이 있어요."

붉은뺨멧새
귀한 나그네새 16cm
머리는 회색이며 흑갈색 줄무늬가 있어요.

흰눈썹울새
귀한 나그네새 15cm
굵은 흰색 눈썹선이 있어요.

새는 얼마나 오래 살까요?

새는 크기가 클수록 오래 산다고 알려져 있어요. 작은 산새의 경우는 보통 3~4년을 살아요. 작은 새는 늙어서 죽기보다는 천적에게 잡아먹혀서 죽기 때문에 수명이 더 짧지요. 동물원이나 집에서 애완용으로 키우는 경우에는 수명을 알 수 있지만, 야생에서 사는 새의 수명은 정확하게 알기 힘들어요. 자연 상태의 새 나이를 알아내는 방법은 새의 다리에 연구를 위해 달아 놓았던 가락지를 확인하는 거예요. 하지만 연구용 가락지를 단 새를 발견하는 경우는 아주 드물어서 나이를 알기 어려워요.

붉은어깨도요를 사냥한 매

관련 교과 3-2 과학 <2. 동물의 생활> / 5-2 과학 <2. 생물과 환경>

서해 섬에서 보이는 귀한 산새

섬 탐조에서 흥미로운 점 중 하나는 귀한 새를 볼 수 있다는 거예요. 어떤 경우에는 우리나라에서 지금까지 한 번도 관찰된 적 없는 미기록종이 찾아오기도 해요. 섬에는 새들이 집중되어 있기 때문에 육지보다 관찰하기도 쉬워요. 하지만 바람 등 날씨의 영향으로 새를 얼마 보지 못할 때도 있어요. 그래도 탐조가들은 귀한 새를 만날 수 있다는 기대를 품고 다시 섬을 찾아간답니다.

회색바람까마귀
길잃은새 26cm
몸 전체는 회색이에요.

(눈 주변이 넓게 흰색이에요.)

큰부리개개비
귀한 나그네새 20cm
부리는 두툼해요.

(눈앞은 연갈색이며 눈썹선은 없어요.)

알락꼬리쥐발귀
귀한 나그네새 16cm
다리는 살구색이에요.

(몸 윗면은 적갈색이에요.)

쥐발귀개개비
귀한 나그네새 12cm
등에 있는 세로줄은 특히 굵어요.

(몸 전체는 회갈색 바탕에 검은색 세로줄이 있어요.)

> 머리 위쪽은 주황색이에요.

귤빛지빠귀
길잃은새 22cm
눈과 뺨에 검은색 세로줄이 2개 있어요.

> 가슴과 배는 흰색이며 검은색 점이 있어요.

검은지빠귀
귀한 나그네새 21cm
몸 윗면은 검은색이고 부리와 눈테는 노란색이에요.

> 얼굴과 몸 아랫면에 검은색 점무늬가 있어요.

큰점지빠귀
길잃은새 23cm
몸 윗면은 갈색이에요.

> 머리와 가슴은 주황색이에요.

붉은가슴울새
귀한 나그네새 14cm
배는 흰색이며 검은색 무늬가 일부분 있어요.

살펴보아요!

새들의 부리는 왜 다르게 생겼을까요?

새는 부리와 발을 이용해서 먹이를 잡아요. 새들마다 먹는 먹이가 모두 다르기 때문에, 그 먹이를 잡기에 알맞도록 제각각 다른 모양의 부리가 발달했어요. 물가에서 물고기를 잡는 백로의 부리는 창같이 뾰족하고, 갯벌에서 작은 벌레를 잡는 도요새의 부리는 길고 겉이 부드러워요. 되새와 멧새는 부리 옆이 칼처럼 날이 서 있어서 부리로 작은 열매껍질을 벗기거나 어린잎을 잘라서 먹어요.

게집에 부리를 넣는 알락꼬리마도요

관련 교과 3-1 과학 〈3. 동물의 한살이〉 / 3-2 과학 〈2. 동물의 생활〉 / 5-2 과학 〈2. 생물과 환경〉

서해안 야산에서 보이는 새

섬에 도착한 산새들은 물과 먹이로 체력을 보충한 다음, 섬을 따라 북쪽으로 올라가거나 해안 주변의 야산을 찾아 들어가요. 그래서 섬에서 관찰되는 새와 해안가 야산에서 관찰되는 새의 종류가 비슷해요. 하지만 작은 섬에 모여 있던 새들이 해안에 들어와 주변의 야산으로 흩어졌기 때문에 야산에서 볼 수 있는 새의 수는 많지 않아요. 산속에서 먹이와 물이 있는 곳을 찾아보면 새를 관찰할 수 있어요.

쇠유리새 수컷 ♂
드문 여름철새 14cm
몸 아랫면은 흰색이에요.

몸 윗면은 파란색이에요.

쇠유리새 암컷 ♀
드문 여름철새 14cm
허리는 연한 파란색이에요.

몸 윗면은 갈색이에요.

바다직박구리 수컷 ♂
흔한 텃새 22cm
머리와 가슴, 등은 진한 파란색이에요.

배가 진한 적갈색이에요.

바다직박구리 암컷 ♀
흔한 텃새 22cm
몸 전체는 푸른빛이 나는 갈색이에요.

배가 적갈색이 아니에요.

솔새
흔한 나그네새 13cm
날개덮깃에 가는 흰색 줄이 있어요.

울새
흔한 나그네새 14cm
가슴과 배에 비늘무늬가 선명해요.

노랑눈썹멧새 수컷 ♂
드문 나그네새 15cm
수컷은 눈썹선이 노란색이에요.

노랑눈썹멧새 암컷 ♀
드문 나그네새 15cm
암컷도 눈썹선이 노란색이에요.

 눈여겨보아요

새에게 둥지란 무엇일까요?
새는 집이 없어요. 잠은 나뭇가지나 넓은 들판, 물 위에서 잔답니다. 그렇다면 둥지는 무엇일까요? 둥지는 새들이 번식할 때만 사용하는 집이에요. 새는 번식기가 되면 둥지를 짓고 알을 낳아요. 어미새는 태어난 새끼새가 둥지를 떠날 때까지 둥지에서 새끼새를 먹여 키우지요. 알을 품어야 하는 어미새와 날지 못하는 새끼새가 있어서 둥지는 천적을 피하기 힘든 가장 위험한 장소이기도 해요.

흰날개해오라기의 둥지

관련 교과 3-1 과학 〈3. 동물의 한살이〉 / 3-2 과학 〈2. 동물의 생활〉 / 5-2 과학 〈2. 생물과 환경〉

큰 산에서 보이는 새

새의 종류가 많지는 않지만 큰 산 주변에서도 다양한 새를 만날 수 있어요. 큰 산에서만 볼 수 있는 새도 있기 때문에 많은 탐조가가 특정 시기에 특정 산을 찾아가 새를 관찰하기도 해요. 큰 산에서 사는 새들은 대부분 텃새지만 몇몇 새들은 번식을 위해 큰 산을 찾기도 해요.

들꿩 수컷 ♂
드문 텃새 36cm
수컷은 몸 전체가 갈색과 흰색이 섞여 있어 위장하기 좋아요.

들꿩 암컷 ♀
드문 텃새 36cm
암컷도 몸 전체가 갈색과 흰색이 섞여 있어 위장하기 좋아요.

할미새사촌 수컷 ♂
드문 나그네새 20cm
수컷은 몸의 윗면은 회색이고 아랫면은 흰색이에요.

할미새사촌 암컷 ♀
드문 나그네새 20cm
암컷도 몸의 윗면은 회색이고 아랫면은 흰색이에요.

짧은 꼬리를 치켜들기도 해요.

굴뚝새
흔한 텃새 10cm
몸 전체는 적갈색 바탕에 검은색 줄무늬가 있어요.

등과 허리는 흰색이에요.

아물쇠딱따구리
귀한 텃새 20cm
정수리가 검은색이에요.

이마부터 뒷머리까지 붉은색이에요.

까막딱다구리 수컷 ♂
귀한 텃새 45cm
수컷은 몸 전체가 검은색이에요.

뒷머리만 붉은색이에요.

까막딱다구리 암컷 ♀
귀한 텃새 45cm
암컷도 몸 전체가 검은색이에요.

살펴보아요!

'포란'이란 무엇일까요?

새는 둥지에 알을 낳고 체온을 이용하여 알을 품어요. 알은 40℃ 이상의 온도로 품어야 하기 때문에, 자신의 앞가슴 솜털을 뽑아서 둥지 바닥에 깔고는 솜털이 뽑힌 가슴으로 알을 품어요. 이렇게 알을 품는 것을 '포란'이라고 하며, 가슴에 털이 빠져 맨살이 드러난 곳을 '포란반'이라고 해요. 새는 포란을 할 때 자신의 체온이 알의 모든 면에 골고루 전달되도록, 부리로 조심스럽게 알을 굴리기도 한답니다.

비를 맞으며 포란 중인 검은머리물떼새

여름

여름에는 어떤 새를 볼 수 있을까요?

여름은 번식과 생장의 계절이에요. 물새는 습지 주변 모래밭이나 풀밭에서 번식을 하고, 산새는 하천 주변 갈대밭이나 덤불 속, 야산이나 공원 나무에 둥지를 만들고 번식을 해요. 새들의 번식은 주로 5~6월에 많이 이루어져요. 새끼들이 무럭무럭 잘 자라려면 많은 먹이가 필요하니까요. 여름철 숲 주변에는 작은 곤충이 많아서 새끼를 키우기 좋아요.
새들에게 있어 번식은 매우 예민하고 불안한 일이에요.
주변에는 천적이 많아서 둥지를 만들 때에도 항상 조심스러워요. 그래서 어떤 새들은 뱀이나 맹금 같은 천적을 피하기 위해 사람이 사는 곳 주변에서 번식을 하기도 해요. 새들이 번식하고 새끼를 기르는 육추 기간에는 둥지 근처에 가지 않는 배려가 필요해요.

관련 교과 3-2 과학 〈2. 동물의 생활〉 / 5-2 과학 〈2. 생물과 환경〉

마을 주변에서 보이는 새

여름은 번식의 계절이에요. 산이나 들판은 물론 사람이 사는 마을 주변에도 많은 새가 찾아와 번식을 해요. 마을을 찾는 새들은 사람이 무섭지 않은 걸까요? 새는 뱀이나 족제비, 맹금 같은 천적을 더 무서워해요. 이런 천적들은 사람이 무서워 마을 가까이에는 오지 않기 때문에, 새들은 천적으로부터 안전한 마을 주변을 번식지로 삼는답니다.

되지빠귀 수컷 ♂
흔한 여름철새 22cm
수컷은 머리와 등, 날개덮깃이 청회색이에요.

(턱 밑과 가슴은 연한 청회색이에요.)

되지빠귀 암컷 ♀
흔한 여름철새 22cm
암컷도 머리와 등, 날개덮깃이 청회색이에요.

(턱 밑과 가슴에 검은색 점무늬가 있어요.)

황조롱이 암컷 ♀
흔한 텃새 33cm
몸 윗면은 적갈색 바탕에 점무늬가 있어요.

(머리는 갈색이에요.)

청딱다구리 수컷 ♂
흔한 텃새 30cm
등과 날개는 초록색이에요.

(이마에 붉은색 점이 있어요.)

얼굴 앞쪽부터 목, 가슴까지 흰색이에요.

흰배뜸부기
귀한 나그네새 33cm
배와 아래꼬리덮깃은 적갈색이에요.

굵은 노란색 눈테가 있어요.

매
귀한 텃새 42cm
눈 밑에 검은색 세로줄이 있어요.

몸 전체는 검은색이에요.

흑비둘기
귀한 텃새 40cm
비둘기 중에 가장 커요.

몸 아랫면에 가는 세로줄 무늬가 있어요.

귀제비
흔한 여름철새 19cm
허리가 연한 적갈색이에요.

살펴보아요!

새는 어떻게 나뭇가지에 앉아서 잠을 잘까요?

새는 잠을 잘 때도 나뭇가지에서 떨어지지 않아요. 두 가지 이유가 있는데, 첫째로 새는 깊은 잠을 자지 않아요. 아주 잠깐씩만 자기 때문에 균형을 유지할 수 있어요. 둘째로 새는 발바닥이 어떤 물체에 눌리면 발가락이 반사적으로 오므라들어요. 발바닥만 나뭇가지에 대면 따로 힘을 줄 필요 없이 발가락이 나뭇가지를 움켜쥐기 때문에 떨어지지 않고 잠을 잘 수 있어요.

전깃줄에 앉은 비둘기조롱이

관련 교과 2-2 겨울 〈2. 겨울 탐정대의 친구 찾기〉 / 3-1 과학 〈3. 동물의 한살이〉 / 5-2 과학 〈2. 생물과 환경〉

시골 집 주변에서 보이는 새

시골 집 주변은 새들의 먹이로 풍년이에요. 가축 우리에는 새도 먹을 수 있는 가축들의 먹이가 있고, 텃밭에는 다양한 곡식과 채소가 있고, 집 근처에는 먹다 남은 음식물이 떨어져 있어요. 때로는 쥐가 새들의 사냥감이 되기도 하죠. 새들은 다양한 먹이를 구할 수 있고 천적으로부터 안전한 사람들이 사는 곳을 좋아해요.

부리 기부가 노란색이에요.

참새(어린새)
흔한 텃새 15cm
뺨에 검은색 점이 작거나 희미하게 있어요.

집 주변에서도 흔하게 볼 수 있어요.

박새 암컷 ♀
흔한 텃새 14cm
가슴과 배에 있는 검은색 띠가 수컷에 비해 가늘어요.

가슴과 배는 진한 주황색이에요.

딱새 수컷 ♂
흔한 텃새 14cm
수컷은 날개에 흰색 점이 있어요.

가슴과 배는 연한 회갈색이에요.

딱새 암컷 ♀
흔한 텃새 14cm
암컷도 날개에 흰색 점이 있어요.

멧비둘기(15쪽)처럼 머리가 작아요.

집비둘기
흔한 텃새 36cm
집 주변에서 살기 때문에 사람을 무서워하지 않아요.

첫째날개깃 기부에 큰 흰색 점이 있어요.

파랑새
흔한 여름철새 30cm
날개 밑과 몸 아랫면은 진한 초록색이에요.

둥지가 둥근 모양이에요.

둥지가 호리병 모양이에요.

제비 둥지
흔한 여름철새
시골 집 처마 밑에 만들어요.

귀제비 둥지
흔한 여름철새
번식이 끝나고 다른 새들이 이용하기도 해요.

살펴보아요!

'육추'란 무엇일까요?

알에서 깨어난 새끼새는 아직 걷거나 날 수 없기 때문에 어미새가 먹이를 물어 와 새끼에게 먹여요. 이렇게 어미새가 새끼새를 먹여 키우는 것을 '육추'라고 해요. 작은 산새는 주로 작은 벌레를 잡아다 통째로 먹이고, 맹금은 먹이를 부리로 찢어서 새끼들에게 먹여요. 비둘기는 부모가 먹이를 소화시켜서 젖처럼 만들어 모이주머니에 담았다가 새끼에게 먹이는데, 이 젖을 '피죤밀크'라고 불러요.

육추 중인 개개비

관련 교과 3-2 과학 〈2. 동물의 생활〉 / 5-2 과학 〈2. 생물과 환경〉

산에서 보이는 새

여름철 산은 새들이 좋아하는 곤충으로 가득해요. 특히 습도가 높은 계곡 근처에는 더 많은 애벌레와 지렁이가 살고 있어요. 새는 둥지를 만들 때에도 먹이가 많은 곳을 골라서 둥지를 지어요. 산에서 새를 보고 싶다면 물이 흐르는 계곡 근처에 가 보세요. 그곳에서 번식하는 여름철새를 만날 수 있을 거예요.

청호반새
드문 여름철새 30cm
등과 날개는 광택이 있는 파란색이에요.

부리는 붉은색이에요.

쏙독새
드문 여름철새 29cm
몸 전체는 지저분한 흑갈색이고 목 앞쪽에 양쪽으로 흰색 점이 있어요.

부리가 작아 보이지만 입을 벌리면 엄청 커요.

뻐꾸기
흔한 여름철새 35cm
눈은 노란색이며 꼬리가 길어요.

가슴은 청회색이고 배에 가는 가로줄 무늬가 있어요.

검은이마직박구리
드문 텃새 19cm
날개는 녹색이에요.

뒷머리와 턱 밑은 흰색이에요.

굵은 하늘색 눈테가 있어요.

몸에 8가지 색깔이 있어요.

긴꼬리딱새 수컷 ♂
드문 여름철새 45cm
꼬리가 몸의 3배 이상으로 길어요.

팔색조
귀한 여름철새 18cm
울음 소리가 우렁차요.

턱에 굵은 검은색 세로줄이 1개 있어요.

부리는 붉은색이에요.

왕새매
드문 나그네새 49cm
몸 전체는 갈색이고 배에 흰색 가로줄 무늬가 있어요.

호반새
귀한 여름철새 27cm
몸 전체는 진한 주황색이에요.

살펴보아요!

'이소'란 무엇일까요?

날거나 걸을 수 있는 새끼새가 둥지를 떠나는 것을 '이소'라고 해요. 둥지는 매우 불안한 곳이에요. 어미새는 둥지가 최대한 노출되지 않도록 짓지만, 오랫동안 포란을 하고 육추를 하다 보면 천적에게 들킬 가능성이 높아요. 되도록 빨리 이소를 하는 것이 안전하지요. 산새는 날 수 있어야 하기 때문에 이소를 하는 데 오랜 시일이 걸리지만, 물새는 태어나면 금방 걸을 수 있어서 부화한 지 몇 시간만에 이소를 해요.

검은머리갈매기 새끼새의 성장

관련 교과 3-2 과학 <2. 동물의 생활> / 5-2 과학 <2. 생물과 환경>

논에서 보이는 새

여름철 논은 벼가 무럭무럭 자라서 키가 큰 상태예요. 벼가 많이 자란 논에는 새가 있어도 벼에 가려져 새를 보기가 힘들어요. 그럼 어디를 찾아봐야 할까요? 논둑이 가장 좋아요. 농촌으로 새를 보러 가거나 놀러 가면 논과 논 사이의 논둑을 잘 살펴보세요. 한가롭게 쉬고 있는 새들을 만날 수 있을 거예요.

뜸부기 수컷 ♂
귀한 여름철새 40cm
몸 전체는 검은색이에요.

뜸부기 암컷 ♀
귀한 여름철새 33cm
몸 전체는 갈색 바탕에 진한 고동색 점무늬가 있어요.

쇠뜸부기사촌
드문 여름철새 21cm
배에 흰색과 검은색의 가는 세로줄 무늬가 있어요.

갈색제비
귀한 나그네새 13cm
제비 무리와 함께 다녀요.

턱 밑부터 배까지 검은색이에요.

구각이 눈 가운데까지 이어져요.

구레나룻제비갈매기
드문 나그네새 25cm
부리는 검붉은색이에요.

중백로 (비번식깃)
흔한 여름철새 66cm
다리는 검은색이에요.

수컷이지만 수수한 갈색이에요.

암컷이지만 화려한 적갈색이에요.

호사도요 수컷 ♂
귀한 나그네새 24cm
수컷은 눈 뒤로
흰색 눈선이 있어요.

호사도요 암컷 ♀
귀한 나그네새 24cm
암컷도 눈 뒤로
흰색 눈선이 있어요.

살펴보아요!

새끼새가 날 수 있으면 '어린새'예요

새끼새는 아직 어려서 날 수 없는 새를 말해요. 새끼새는 어미새가 주는 먹이를 먹고 자라면서 몸집도 커지고 깃털도 만들어져요. 깃털이 자라고 날기 위해 근육을 단련시켜서 날 수 있게 된 새를 '어린새'라고 불러요. 어린새는 날 수는 있지만 깃털은 아직 어른새와 달라요. 몇 단계를 더 거쳐야 멋진 어른새의 깃털을 가질 수가 있답니다.

날기 시작한 검은머리갈매기 어린새

관련 교과 2-2 겨울 〈2. 겨울 탐정대의 친구 찾기〉 / 3-2 과학 〈2. 동물의 생활〉 / 5-2 과학 〈2. 생물과 환경〉

작은 하천에서 보이는 새

작은 하천에서는 가운데에 있는 작은 섬이나 돌무더기 주변에서 쉬고 있는 새들을 관찰할 수 있어요. 수심이 얕은 곳에서 먹이 활동을 하는 다양한 여름철새의 모습도 볼 수 있지요. 하지만 하천 가장자리는 갈대나 잡초가 많이 자라서 새를 보기가 어려워요. 하천 둑길을 걸으면서 갈대나 나무 사이의 빈틈을 찾아, 그 틈으로 하천 안쪽을 살펴보세요.

노란색 홍채 뒤에 검은색 점이 있어요.

꼬마물떼새와 비슷하게 생겼지만 부리가 길어요.

흰목물떼새
드문 텃새 21cm
꼬마물떼새보다 눈테 색이 연해요.

큰덤불해오라기
귀한 여름철새 37cm
머리와 등은 고동색이에요.

눈테가 진한 노란색이에요.

눈테가 연노란색이에요.

꼬마물떼새 (어른새)
흔한 여름철새 16cm
목 둘레에 검은색 띠가 있어요.

꼬마물떼새 (어린새)
흔한 여름철새 16cm
몸 윗면에 비늘무늬가 있어요.

길고 뾰족한 검은색 부리가 있어요.

기러기를 대신해 사육하는 오리예요.

물총새

흔한 여름철새 17cm
등은 하늘색이고 날개는 광택이 있는 청록색이에요.

사향오리

흔한 텃새 76cm
몸은 검은색과 흰색이 뒤섞여 있고 얼굴은 붉은색이에요.

가늘고 긴 검은색 부리가 있어요.

부리 기부가 연주황색이에요.

장다리물떼새 (어른새)

드문 여름철새 35cm
다리는 길고 분홍색이에요.

장다리물떼새 (어린새)

드문 여름철새 35cm
다리는 길고 주황색이에요.

 살펴보아요!

도요·물떼새는 갯벌 속 지렁이를 어떻게 찾을까요?

도요새와 물떼새는 비슷하게 생겼지만 종류가 다른 새예요. 먹이를 잡는 방법도 서로 달라서 먹이 활동을 살펴보면 이들을 쉽게 구별할 수 있어요. 물떼새는 가만히 서 있다가 쪼르르 달려가 모래나 갯벌 속에 있는 먹이를 부리로 한 번에 잡아요. 먹이를 눈으로 보고 잡기 때문이에요. 반면에 도요새는 부리로 쉬지 않고 모래나 갯벌 속을 찔러 보다가 갑자기 먹이를 물어 올려요. 부리의 촉감으로 먹이를 확인하고 잡는 거예요. 이제 갯벌에 가면 누가 도요새이고 누가 물떼새인지 구별할 수 있겠죠?

지렁이를 잡는 큰왕눈물떼새

관련 교과 2-2 겨울 〈2. 겨울 탐정대의 친구 찾기〉 / 3-2 과학 〈2. 동물의 생활〉 / 5-2 과학 〈2. 생물과 환경〉

습지에서 보이는 새

습지에는 백로와 해오라기, 오리, 논병아리 등 주로 물새들이 살고 있어요. 습지는 물과 먹이가 풍부하고, 번식하고 서식하기에 좋은 환경을 갖춘 그야말로 새들의 천국이에요. 습지에서도 새들은 갈대가 빽빽한 곳보다는 드문드문 자라서 시야를 가리지 않는 곳을 특히 좋아해요. 물론 개개비처럼 갈대밭에서만 사는 새들도 있지요. 작은 몸집에 카랑카랑한 목소리로 우렁차게 울어 대는 개개비는 번식도 갈대밭 속에서 한답니다.

갈대 위에서 '케케' 하며 우렁차게 울어요.

개개비
흔한 여름철새 19cm
발은 검은색이에요.

이마에서 눈 뒤까지 이어진 흰색 눈썹선이 있어요.

검은등할미새
흔한 텃새 21cm
몸 윗면은 검은색이에요.

목 앞쪽에 세로줄 무늬가 있어요.

왜가리 (어린새)
흔한 여름철새 95cm
윗부리는 검은색이에요.

다른 백로에 비해 부리가 짧아요.

황로 (번식깃)
흔한 여름철새 53cm
등에 주황색 장식깃이 있어요.

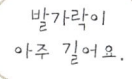
눈은 주황색이에요.

어린새도 눈이 노란색이에요.

해오라기 (어린새)
흔한 텃새 53cm
날개덮깃에 있는 흰색 점무늬 크기가 커요.

검은댕기해오라기 (어린새)
흔한 여름철새 49cm
날개덮깃에 있는 흰색 점무늬 크기가 작아요.

꼬리가 꿩(21쪽)처럼 아주 길어요.

발가락이 아주 길어요.

물꿩 (어른새)
귀한 여름철새 58cm
머리는 흰색이고 목 뒤쪽은 황금색이에요.

물꿩 (새끼새)
귀한 여름철새
가시연이 있는 호수를 좋아해요.

살펴보아요!

백로가 좋아하는 사냥터

물고기를 좋아하는 백로들은 어디에서 물고기 사냥을 즐겨 할까요? 바로 개울에 있는 작은 둑이에요. 둑에서는 물고기들이 흘러내리는 물줄기를 타고 올라가려고 쉬지 않고 뛰어올라요. 백로는 이때를 기다렸다가 뛰어오르는 물고기를 손쉽게 잡지요. 수로에 물이 많아지는 봄이나 여름에 개울을 찾아가면 둑에 서 있는 백로를 많이 볼 수 있답니다. 그 자리에서 조금만 더 기다리면 물고기를 사냥하는 장면도 관찰할 수 있어요.

물고기를 사냥하는 쇠백로

관련 교과 3-2 과학 〈2. 동물의 생활〉 / 5-2 과학 〈2. 생물과 환경〉

큰 호수에서 보이는 새

물에 사는 새들은 주로 수심이 깊은 곳보다는 얕은 곳을 좋아해요. 호수에서도 물이 깊은 곳에는 오리 몇 마리만 돌아다니고 대부분의 새는 물이 얕은 곳에서 쉬거나 먹이 활동을 하죠. 새들의 먹이인 물고기도 물이 얕은 곳에 사는 물고기가 잡기도 편하고 먹기에도 알맞은 크기예요. 때때로 큰 호수 가운데에 새가 머무는 경우가 있는데, 이런 곳에는 물속에 말즘과 같은 물풀이 자라고 작은 물고기가 숨어 있어요.

물닭 (어린새)
흔한 텃새 40cm
쇠물닭과 다르게 몸 아랫면이 검은색이에요.

쇠물닭 (어린새)
흔한 여름철새 33cm
물닭과 다르게 몸 아랫면이 흰색이에요.

논병아리 (어린새)
흔한 텃새 26cm
부리는 연분홍색이에요.

덤불해오라기
흔한 여름철새 37cm
목을 치켜들고 움직이지 않아요.

머리와 가슴은
적갈색이고 등은
청회색이에요.

머리와 가슴에
갈색 줄무늬가 있으며
등은 회갈색이에요.

흰날개해오라기 (번식깃)
드문 나그네새 50cm
부리는 노란색이고
끝은 검은색이에요.

흰날개해오라기 (어린새)
드문 나그네새 50cm
아랫부리는 노란색이고
끝은 검은색이에요.

뺨에 끝이
검은색인 적갈색
장식깃이 있어요.

물속에 있는
물풀로 둥지를
만들어요.

뿔논병아리 (번식깃)
흔한 겨울철새 56cm
눈은 붉은색이고 부리는 검은색이에요.

뿔논병아리 둥지
흔한 겨울철새
호수 위에 둥둥 떠 있는 둥지를 만들어요.

논병아리는 꼬리가 있을까요?

물 위에 떠 있는 논병아리를 보면 꼬리가 보이지 않아요. 원래 꼬리가 없는 걸까요? 논병아리는 물 위에 떠 있을 때에 체온을 지키고 물에 더 잘 뜨기 위해 몸 뒤쪽 깃털을 부풀리는 특징이 있어요. 이렇게 깃털이 부풀면 몸 뒤쪽이 둥글어져서 꼬리가 없는 것처럼 보이지만 자세를 바꾸면 꼬리가 작게 나타나요. 특별한 꼬리깃은 없지만 그래도 꼬리는 있어요.

논병아리 꼬리

관련 교과 3-1 과학 〈3. 동물의 한살이〉 / 3-2 과학 〈2. 동물의 생활〉 / 5-2 과학 〈2. 생물과 환경〉

갯벌에서 보이는 새

갯벌은 새들이 살기 좋은 장소예요. 많은 생물이 살고 있어 먹이가 풍부하고, 수심이 얕아 쉽게 걸어 다닐 수도 있고, 주변에 시야를 가리는 것도 없어 천적으로부터 안전해요. 하지만 우리나라 여름철 갯벌에는 새가 많지 않아요. 도요새와 물떼새가 대부분 번식을 위해 시베리아로 떠났기 때문이에요. 가장 많이 보이는 새는 괭이갈매기 같은 갈매기 종류이고, 간간히 물떼새와 먹이 활동을 하는 백로와 저어새 등을 관찰할 수 있어요.

검은머리갈매기 (번식깃)
드문 텃새 32cm
머리는 검은색이며 흰색 눈두덩이 있어요.

검은머리갈매기 (어린새)
드문 텃새 32cm
첫째날개깃에 흰색 점이 없어요.

검은머리물떼새 (어른새)
드문 텃새 45cm
머리와 가슴, 등, 날개가 검은색이에요.

검은머리물떼새 (어린새)
드문 텃새 45cm
부리와 다리는 연분홍색이에요.

쇠제비갈매기
흔한 여름철새 24cm
머리 뒤쪽은 검은색이고
이마는 흰색이에요.

흰물떼새 암컷♀
흔한 나그네새 17cm
가슴 위쪽에 흑갈색 목선이 끊어져 있고,
목 뒤쪽은 흰색이에요.

괭이갈매기 (어린새)
흔한 텃새 50cm
몸 전체가 진한 흑갈색이에요.

노랑부리백로
드문 여름철새 65cm
발가락은 연노란색이에요.

살펴보아요!

어미새가 새끼를 지키는 방법

도요·물떼새는 번식기에 둥지 근처에 천적이 나타나면 아픈 새처럼 날개를 퍼덕이는 이상한 행동을 해요. 이를 본 천적은 어미새에게 관심을 가지게 되고 어미새를 따라가죠. 천적이 둥지와 어느 정도 멀어지면 어미새는 언제 그랬냐는 듯이 멀쩡하게 날아가 버려요. 이런 행동을 '의상 행동'이라고 해요. 의상 행동은 도요·물떼새가 둥지에 있는 알이나 새끼를 지키기 위해서 하는 행동이에요.

흰물떼새의 의상 행동

가을

가을에는 어떤 새를 볼 수 있을까요?

가을은 봄이나 여름에 태어난 새끼새가 어린새로 자라고, 겨울을 나기 위해
준비하는 시기예요. 서서히 날씨가 추워지면서 새의 먹이인 곤충 수가 줄어드니까요.
새들은 무리지어 이동하는 것이 원칙이지만, 종에 따라 혼자 이동하는 경우도 있어요.
무리를 지어 이동하는 가장 대표적인 새가 제비예요. 제비는 남쪽으로 내려가면서
점점 무리를 키우는데, 많을 때는 수천 마리까지 늘어나요.
똑같이 새들이 이동하는 계절이지만 가을은 봄보다 새를 관찰하기가 어려워요.
새들이 무리지어 이동하는 봄과는 달리 흩어졌던 무리가 모이는 시기라서 많은 새를
보기 힘들고, 그마저도 무성한 풀과 나뭇잎에 가려서 찾기가 쉽지 않아요.
오리나 기러기는 겨울철새이지만 10월부터는 추수가 끝난 논 등에서 볼 수 있어요.

관련 교과 2-2 겨울 〈2. 겨울 탐정대의 친구 찾기〉 / 3-1 과학 〈3. 동물의 한살이〉 / 5-2 과학 〈2. 생물과 환경〉

도시 집 주변에서 보이는 새

가을이 되면 도시의 새는 번식을 끝내고 어린새와 어른새 모두 열심히 먹이를 찾아 다녀요.
다가올 추운 겨울을 잘 지내려면 넉넉히 먹어서 체내에 지방을 비축해야 하거든요.
다행히 주변 곳곳에는 열매와 곤충이 많아서 쉽게 먹이를 구할 수 있답니다.
이 계절에는 어린새가 어른새로 변해가는 과정을 관찰할 수 있어요.
아직은 나무에 잎이 많이 달려서 새가 잘 안 보이니 자세히 살펴보세요.

까치
흔한 텃새 46cm
다른 무리의 까치가 나타나면 공격해요.

직박구리
흔한 텃새 28cm
마을 주변에서 자주 보여요.

멧비둘기
흔한 텃새 33cm
머리가 다른 새에 비해 작아요.

어치
흔한 텃새 33cm
머리는 적갈색이에요.

74 가을

머리 윗쪽은 검은색이에요.

쇠박새
흔한 텃새 12cm
몸 아랫면은 연한 흑갈색이에요.

부리는 연분홍색이에요.

방울새
흔한 텃새 14cm
날개덮깃이 노란색이에요.

목 아래쪽에 흰색 띠가 있어요.

꿩 수컷 ♂
흔한 텃새 90cm
허리는 청회색이에요.

꼬리가 까치처럼 길어요.

물까치
흔한 텃새 37cm
꼬리는 하늘색이고 끝은 흰색이에요.

살펴보아요!

새는 어떻게 이동할까요?(1)

새가 이동하는 방법은 종마다 제각각 달라요. 가족이 함께 이동하는 새로는 기러기와 고니, 두루미를 꼽을 수 있어요. 추위를 피해 우리나라로 찾아온 이 새들을 탐조하면 어른새와 어린새를 한자리에서 관찰할 수 있어요. 반면에 도요새와 물떼새, 작은 산새는 어른새가 먼저 이동한 다음에 어린새가 이동을 해요. 우리 입장에서는 어린새끼리 이동하는 모습이 가혹해 보이지만, 이 또한 새가 살아가는 나름의 방식이에요.

재두루미 가족

관련 교과 3-1 과학 〈3. 동물의 한살이〉 / 3-2 과학 〈2. 동물의 생활〉 / 5-2 과학 〈2. 생물과 환경〉

작은 공원이나 공터에서 보이는 새

공원이나 공터는 올해 태어난 어린 텃새들의 놀이터예요. 붉게 물든 나뭇잎 사이로 가지에 내려 앉은 작은 새들을 관찰할 수 있어요. 10월이 지나 날씨가 추워지면 곤충들은 겨울나기에 들어가 자취를 감춥니다. 들깨 한 줌씩을 공원이나 공터에 놓아 보세요. 먹이가 귀한 늦가을에 새들은 양분을 섭취할 수 있어 좋고, 우리는 다양한 새를 만날 수 있어 좋아요.

목 뒤쪽 등 부분이 진한 주황색이에요.

곤줄박이
흔한 텃새 14cm
머리 위쪽은 검은색이에요.

정수리는 회색이에요.

쇠딱다구리
흔한 텃새 15cm
딱다구리 중에 가장 작아요.

날개에 흰색 점이 있어요.

날개에 흰색 점이 없어요.

때까치 수컷♂
흔한 텃새 20cm
부리는 날카롭고 위아래로 서로 엇갈려 있어요.

때까치 암컷♀
흔한 텃새 20cm
가슴과 옆구리에 비늘무늬가 있어요.

몸이 작고
꼬리가 길어요.

배와 가슴은 회색이며 가는 줄무늬가 있어요.

오목눈이
흔한 텃새 14cm
가슴과 배는 흰색이에요.

오색딱다구리 (어린새)
흔한 텃새 24cm
등에 희미한 흰색 점이 있어요.

이마에 붉은색 점이 없어요.

나무에 구멍을 파고 알을 낳아요.

청딱다구리 암컷 ♀
흔한 텃새 30cm
등과 날개는 초록색이에요.

청딱다구리 둥지
흔한 텃새
나무에 붙어서 새끼에게 먹이를 줘요.

 살펴보아요!

새는 어떻게 이동할까요? (2)

새에게 가장 위험한 천적은 포유류가 아닌 맹금 같은 새예요. 맹금에 해당하는 매와 수리, 올빼미는 몸집이 커다란 만큼 거의 모든 새를 사냥해요. 다른 새들이 번식을 위해 시베리아로 이동하면 맹금도 따라 올라가 번식하고, 다른 새들이 겨울을 나려고 남쪽으로 내려오면 맹금도 따라 내려와요. 먹이가 움직이는 대로 따라다녀야 맹금도 살 수 있기 때문이죠.

기러기를 따라 내려온 검독수리

마을 뒷산에서 보이는 새

가을이면 번식을 끝낸 새들이 겨울을 보내려고 남쪽으로 가요. 봄에는 새들이 우리나라로 한꺼번에 들어오지만, 가을에는 새 종류마다 남쪽으로 이동하는 시기가 달라서 보이는 새가 많지 않아요. 소쩍새나 솔부엉이는 일찍 남쪽으로 떠나서 관찰이 쉽지 않아요. 마을 뒷산을 산책하면서 남아 있는 새들을 조심스럽게 찾아보아요.

동고비
흔한 텃새 14cm
턱 밑에서 가슴까지 흰색이에요.

머리와 등은 청회색이에요.

되새 수컷♂ (번식깃)
흔한 겨울철새 16cm
턱 밑에서 가슴까지 주황색이에요.

머리와 등은 검은색이에요.

붉은가슴밭종다리
드문 나그네새 15cm
등에 줄무늬가 선명해요.

얼굴과 목은 연주황색이에요.

소쩍새
드문 여름철새 20cm
발가락에 털이 없어요.

눈은 노란색이에요.

몸 윗면은 진한 흑갈색이에요.

솔부엉이
드문 여름철새 29cm
눈은 노란색이에요.

머리 위쪽과 눈에서 뺨까지가 암컷(95쪽)과 다르게 검은색이에요.

쑥새 수컷 ♂
흔한 겨울철새 14cm
허리에 비늘무늬가 있고, 옆구리 적갈색 깃의 깃축(깃털의 줄기)이 까맣지 않아요.

턱 밑은 주황색이에요.

흰꼬리딱새 수컷 ♂
귀한 나그네새 12cm
수컷은 꼬리를 치켜들어요.

턱 밑은 흰색이에요.

흰꼬리딱새 암컷 ♀
귀한 나그네새 12cm
암컷도 꼬리를 치켜들어요.

 살펴보아요!

다윈에게 진화론의 아이디어를 준 핀치, 되새

《종의 기원》을 집필하고 진화론을 발표한 찰스 다윈은 남아메리카의 갈라파고스 군도에서 다양한 부리를 가진 새들을 발견했어요. 새들을 채집해서 영국으로 가져온 다윈은 조류 전문가에게 어떤 종류인지를 물었어요. 그러자 조류 전문가는 "새들은 모두 핀치(Finch)야. 이 새는 딱따구리 같은 부리를 가졌지만 핀치고, 저 새는 멧새 같은 부리를 가졌지만 핀치라네."라고 말했어요. 모두 같은 종의 새였는데 부리 모양이 바뀐 것이었어요. 이 사실로부터 진화론이 만들어졌어요. 다윈에게 진화론을 가르쳐 준 '핀치'는 우리나라에서는 '되새'라고 불러요.

되새과 갈색양진이

관련 교과 3–2 과학 〈2. 동물의 생활〉 / 5–2 과학 〈2. 생물과 환경〉

작은 산에서 보이는 새

주변의 다양한 환경과 잘 어우러진 작은 산에는 새가 많이 살아요. 작은 산에서 새를 관찰할 때에는 움직임보다는 울음소리를 듣고 찾기가 더 쉬워요. 어디선가 새 울음소리가 들리면 걸음을 멈추고 소리가 들리는 방향을 자세히 살펴보세요. 새가 잘 보이지 않으면 좀 더 시간을 두고 기다려야 해요. 가을에는 아직 나뭇잎이 많기 때문에 새를 관찰하려면 시간이 많이 필요해요.

뒷머리에서 등까지 검은색 줄무늬가 있어요.

머리에 귀깃이 없어요.

개미잡이
귀한 나그네새 18cm
몸 윗면은 갈색 바탕에 흰색 점무늬가 있어요.

올빼미
귀한 텃새 41cm
가슴과 배에 갈라진 흑갈색 세로줄 무늬가 선명해요.

머리는 검은색이고 뺨은 흰색이에요.

머리는 진한 녹갈색이고 뺨은 흰색이에요.

노랑배진박새 수컷♂
드문 나그네새 10cm
턱 밑은 검은색이에요.

노랑배진박새 암컷♀
드문 나그네새 10cm
턱 밑은 흰색이에요.

몸 전체는 검은색이고 흰색 눈썹선이 있어요.

머리 위쪽은 회색이에요.

흰눈썹지빠귀
귀한 나그네새 22cm
날개를 펼치면 날개 밑에 흰색 줄무늬가 2개 있어요.

노랑때까치
드문 나그네새 20cm
몸 윗면은 회갈색이에요.

턱 밑과 눈 위쪽은 노란색이에요.

등에 줄무늬가 흐릿해요.

노랑턱멧새 수컷 ♂
흔한 텃새 16cm
가슴에 검은색 반원 무늬가 있어요.

밭종다리
흔한 나그네새 16cm
몸 전체는 회갈색이에요.

새는 색깔을 구별할 수 있을까요?

새가 색깔 구별을 하는지는 죽은 새의 눈에서 시각 세포가 집중된 망막을 분리한 다음 현미경으로 관찰하면 알 수 있어요. 시각 세포에는 명암을 구별하는 '간상세포'와 색채를 구별하는 '원추세포'가 있는데, 두 세포가 얼마나 있는지 확인하면 알 수 있죠. 사람의 원추세포는 자외선을 볼 수 없지만 새는 자외선을 볼 수 있답니다. 사람에게는 검은색으로 보이는 새가 새의 눈에는 화려한 색으로 보일 수도 있어요.

사람이 보는 색깔   새가 보는 색깔

관련 교과 2-2 겨울 〈2. 겨울 탐정대의 친구 찾기〉 / 3-2 과학 〈2. 동물의 생활〉 / 5-2 과학 〈2. 생물과 환경〉

습지에서 보이는 새

가을철 습지는 새를 관찰하기에 좋은 장소예요. 여름처럼 덥지 않아서 새를 기다리기도 수월하지요. 물가에는 특히 도요새가 많이 찾아와요. 이때 보이는 도요새 중에는 어린새가 많아요. 탐조의 마지막 단계는 어린새가 어른새로 바뀌는 과정에서 새의 나이를 따지는 거예요. 어린새와 어른새가 어떻게 다른지 구별하기는 아주 어렵지만, 새를 많이 관찰하다 보면 알 수 있어요.

꼬리 끝에 흰색과 검은색 띠가 있어요.

개개비사촌
드문 여름철새 13cm
머리 위쪽에 흑갈색 줄무늬가 있어요.

수컷(사진 위) 넓적다리 색이 더 진해요.

흰뺨검둥오리 암수♂♀
흔한 텃새 61cm
부리는 검은색이고 끝은 노란색이에요.

부리는 붉은색이에요.

붉은부리찌르레기
드문 나그네새 24cm
날개는 광택이 있는 청록색이에요.

몸 전체는 청회색이에요.

비둘기조롱이 수컷♂
귀한 나그네새 25cm
주로 전깃줄에 앉아요.

배와 다리는 적갈색이에요.

몸은 광택이 있는 검은색 바탕에 흰색 점이 있어요.

새호리기
드문 여름철새 30cm
가슴에 세로줄이 있어요.

흰점찌르레기
귀한 나그네새 21cm
부리는 가늘고 뾰족해요.

머리 위쪽과 등은 검은색이에요.

머리 위쪽과 등은 회색이에요.

알락할미새 수컷♂
흔한 여름철새 20cm
수컷은 가슴이 검은색이에요.

알락할미새 암컷♀
흔한 여름철새 20cm
암컷도 가슴이 검은색이에요.

살펴보아요!

추석에는 비둘기조롱이를 보세요

가을에 우리나라를 찾아오는 귀한 철새인 비둘기조롱이를 소개합니다. 잠자리 같은 곤충을 즐겨 먹는 이 새는 추석 무렵 찾아와 2주 정도 머물다가 다시 이동해요. 수도권에서 비둘기조롱이를 관찰할 수 있는 대표적인 탐조지는 논이 많은 강화도와 파주 공릉천 주변이에요. 운이 좋으면 강화도나 공릉천에서 멧비둘기와 나란히 전깃줄에 앉아 있는 비둘기조롱이를 만날 수 있어요.

비둘기조롱이

관련 교과 2-2 겨울 〈2. 겨울 탐정대의 친구 찾기〉 / 3-2 과학 〈2. 동물의 생활〉 / 5-2 과학 〈2. 생물과 환경〉

작은 호수에서 보이는 새

다양한 새를 만나러 호수 주변으로 나가 보세요. 호숫가 풀밭에는 작은 새들이 앉아 있고, 겨울을 나러 내려가는 도요새도 관찰할 수 있어요. 호수를 일찍 찾은 오리 중에는 변환깃을 가진 수컷도 있답니다. 도시에는 인공으로 만들어진 작은 호수가 대부분이고, 그 주변에 도로가 있고 사람도 많이 다녀서 새들이 쉽게 위협을 느껴요. 호숫가에서는 새가 놀라지 않도록 잘 살펴보고 배려해 주세요.

긴부리도요
길잃은새 29cm
다리는 황록색이에요.

물총새
흔한 여름철새 17cm
턱 밑은 흰색이에요.

붉은머리오목눈이
흔한 텃새 13cm
몸집에 비해 꼬리가 길어요.

쇠백로(어린새)
흔한 여름철새 60cm
머리나 등에 장식깃이 없어요.

구각이 눈 뒤로 넘어가요.

날개를 펼치면 보이는 아래날개덮깃이 흰색이에요.

중대백로 (비번식깃)
흔한 여름철새 87cm
다리는 검은색이에요.

흰뺨검둥오리
흔한 텃새 61cm
다리는 주황색이에요.

'조로 마스크' 같은 검은색 눈선이 있어요.

가운데날개덮깃에 뾰족한 모양의 검은색 무늬가 있어요.

스윈호오목눈이
드문 겨울철새 11cm
부리가 가늘고 뾰족해요.

큰밭종다리
드문 나그네새 18cm
옆구리에 검은색 줄이 없고 부리가 두툼하고 길어요.

살펴보아요!

새의 깃갈이

어른새는 1년에 2번 깃갈이를 해요. 새 종류마다 깃갈이를 하는 시기나 방법은 다르지만 보통은 봄에 번식지로 올라가면서 번식깃으로 깃갈이를 하고, 겨울에 월동지로 내려가면서 비번식깃으로 깃갈이를 해요. 오른쪽 사진은 습지에 찾아오는 '물꿩'이라는 귀한 새예요. 사진 위가 번식깃이고, 아래가 비번식깃이에요. 같은 물꿩이지만 전혀 다르게 생겼지요?

번식깃

비번식깃

물꿩의 깃갈이

관련 교과 3-2 과학 〈2. 동물의 생활〉 / 5-2 과학 〈2. 생물과 환경〉

갯벌에서 보이는 새

갯벌은 새의 먹이가 되는 생물이 풍부한 곳이에요. 바닷물이 빠지고 갯벌이 드러나면 작은 게나 갯지렁이를 먹는 새들로 북적입니다. 밀물이 되어 바닷물이 들어오면 새들은 점점 육지쪽으로 몰려와요. 특히 사리 때는 밀물이 많이 들어와서 새를 아주 가까이에서 볼 수 있어요. 갯벌에서 새를 관찰하려면 반드시 물때표를 확인하세요. 스마트폰 앱으로 만들어진 물때표를 확인해도 좋아요.

어른새(38쪽)와 다르게 몸 색깔이 선명하지 않아요.

부리 끝이 넓적해요.

괭이갈매기 (덜 자란새)
흔한 텃새 50cm
부리 끝에 검은색과 빨간색 무늬가 있어요.

넓적부리도요
귀한 나그네새 15cm
1년에 10마리 미만으로 찾아오는 아주 귀한 새예요.

부리 끝이 살짝 아래로 굽어 있어요.

부리는 연한 검붉은색이고 주름이 없어요.

송곳부리도요
드문 나그네새 17cm
머리 위쪽에 검은색 세로줄이 3개 있어요.

저어새 (어린새)
드문 여름철새 74cm
첫째날개깃 끝이 검은색이에요.

86 가을

"부리는 검은색이에요."

제비갈매기 (덜 자란새)
드문 나그네새 36cm
날개 앞은 검은색이에요.

"위로 들린 부리로 물 위에 떠 있는 먹이를 먹어요."

뒷부리도요
흔한 나그네새 23cm
다리는 주황색이에요.

"가슴에서 어깨까지 흰색이에요."

깝작도요
흔한 여름철새 20cm
몸 윗면은 녹갈색이에요.

"부리가 민물도요보다 길고 아래로 더 굽어 있어요."

붉은갯도요
귀한 나그네새 19cm
머리에서 배까지 적갈색이에요.

 살펴보아요!

할아버지 새, 할머니 새

새들 중에 할아버지 새나 할머니 새가 있을까요? 물론 나이 많은 어른새도 있지만, 우리가 직접 새의 나이를 헤아릴 수는 없어요. 새들은 1년에 2번씩 헌 깃이 빠지고 새 깃이 나오는 깃갈이를 해요. 아무리 나이를 먹어도 언제나 새 깃이 나오기 때문에 정확한 나이를 알 수 없어요. 그래서 보통은 어린새가 어른새로 바뀌는 과정에서만 새의 나이를 따져요.

삼촌 새   아빠 새   할아버지 새

겨울

겨울에는 어떤 새를 볼 수 있을까요?

우리나라보다 북쪽에서 번식한 새들은 날씨가 추워지면 겨울을 나기 위해 우리나라를 찾아와요.
대표적인 겨울철새로는 오리, 기러기, 두루미 등과 이들을 먹이로 삼는 맹금이 있어요.
겨울철새들은 추위와 먹이 부족으로 매우 힘든 생활을 해요. 특히 몸집이 큰 기러기나 두루미는
먹이를 많이 먹지 못하면 무리에서 떨어져 나가 혼자가 되고, 천적에게 잡아먹히기도 쉬워요.
배고픈 철새들을 위해 지역마다 먹이 주기 행사를 하는 곳이 있으니 관심을 가져보는 것도 좋아요.
오리를 따라 남쪽으로 내려온 맹금 중에는 어린새가 많아요. 특히 겨울철에 보이는 독수리는
대부분 어린새예요. 어른새는 번식지에 머물면서 둥지 자리를 지키고, 어린 맹금은 그런 어른새에게
밀려 내려온 것이라고 해요.
우리나라에는 전국 곳곳 겨울철새를 볼 수 있는 곳이 아주 많아요. 수도권은 서울 중랑천과 팔당대교
주변, 인천은 교동도와 강화도, 강원도는 강릉이 유명해요. 충청도는 천수만, 전라도는 금강 하구와
고천암호, 순천만이 유명하고, 경상도는 포항 해안, 부산은 을숙도가 유명해요.
올 겨울에는 '철새 탐조 여행'을 떠나 보아요.

관련 교과 3-2 과학 〈2. 동물의 생활〉 / 5-2 과학 〈2. 생물과 환경〉

작은 공원이나 공터에서 보이는 새

겨울철 작은 공원이나 공터에는 우리나라에서 번식한 텃새와 추위를 피해 우리나라로 내려온 작은 철새들을 함께 만날 수 있어요. 시간이 지나 날씨가 더 추워지면 겨울철새의 수도 점점 더 늘어나요. 겨울이 춥지 않은 해에는 철새의 숫자가 많지 않아요. 날씨가 따뜻하면 남쪽인 우리나라까지 내려올 필요가 없기 때문이죠.
새를 관찰하는 사람에게는 날씨가 무척 중요해요. 겨울이 추운지 따뜻한지에 따라 볼 수 있는 새의 종류가 달라지니까요. 올 겨울은 날씨가 어떨까요?

검은머리방울새 수컷♂
흔한 겨울철새 13cm
암컷에 비해 몸 색깔은 진하고,
등의 줄무늬는 희미해요.

정수리가 검은색이에요.

검은머리방울새 암컷♀
흔한 겨울철새 13cm
수컷에 비해 몸 색깔은 연하고,
등의 줄무늬는 선명해요.

정수리에 검은색 줄무늬가 있어요.

개똥지빠귀
흔한 겨울철새 23cm
굵은 흰색 눈썹선이 있어요.

가슴에 검은색 비늘무늬가 있어요.

노랑지빠귀
흔한 겨울철새 23cm
몸 전체는 주황색이에요.

허리는 연주황색이에요.

머리는 갈색이며 검은색 무늬가 지저분해요.

뺨이 회갈색이에요.

되새 암컷♀
흔한 겨울철새 16cm
수컷 비번식깃과 비슷하지만
몸 색깔이 연해요.

되새 수컷♂ (비번식깃)
흔한 겨울철새 16cm
암컷과 비슷하지만
몸 색깔이 진해요.

꼬리 끝이 붉은색이에요.

홍여새
드문 겨울철새 18cm
황여새랑 같이 다녀요.

꼬리 끝이 노란색이에요.

황여새
흔한 겨울철새 20cm
홍여새랑 같이 다녀요.

살펴보아요!

새의 소화

새가 에너지를 넉넉히 확보하려면 먹이를 많이 먹어야 해요. 그런데 많이 먹으면 몸이 무거워져 잘 날지 못하겠죠? 그래서 새의 소화 기관은 다른 동물에 비해 길이가 매우 짧아요. 최대한 빨리 소화시켜 에너지를 얻고, 나머지는 빠르게 배출하기 위해서죠. 심지어 회회나무 열매를 먹은 황여새는 열매를 다 녹이지도 못하고 배설해요. 새는 날아가기 전에 배설을 하는 경우가 많은데, 이는 몸의 무게를 줄이는 최고의 방법이에요.

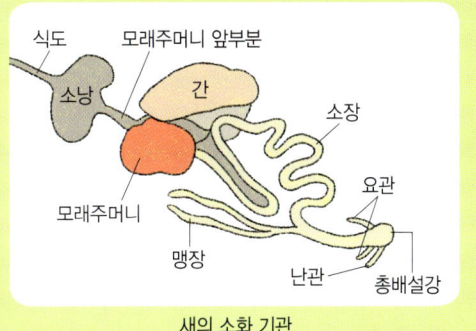

새의 소화 기관

큰 공원에서 보이는 새

차가운 겨울 바람에 인적이 드문 큰 공원에는 작은 산새들이 머물고 있어요.
몇몇은 텃새이지만 몇몇은 추위를 피해 우리나라로 내려온 겨울철새예요.
추운 날씨에 늘 먹던 곤충도 보이지 않아서 작은 산새들은 주로 나무 열매나
풀씨를 먹어요. 팥배나무처럼 작은 열매가 달리는 나무를 심으면 영양분을 섭취하려는
새들로 북적여요. 콩새와 멋쟁이새, 큰부리밀화부리가 팥배나무 열매를 즐겨 먹어요.
겨울이 깊어가고 작은 팥배나무 열매가 차례로 익어가면 새들은 부지런히 배를 채워요.

굴뚝새
흔한 텃새 10cm
번식기에는 높은 산으로 이동해요.

긴꼬리때까치
귀한 겨울철새 27cm
때까치(25쪽)처럼 굵은 검은색 눈선이 있어요.

멋쟁이새
드문 겨울철새 15cm
뺨과 가슴, 배가 붉은색이에요.

멧종다리
흔한 겨울철새 15cm
몸 전체는 갈색이에요.

머리가 갈색이에요.

머리가 연갈색이에요.

콩새 암컷 ♀
흔한 겨울철새 18cm
암컷은 부리가 두툼하며 눈앞이 흑갈색이에요.

콩새 수컷 ♂
흔한 겨울철새 18cm
수컷은 부리가 두툼하며 눈앞이 검은색이에요.

눈이 머리의 검은색과 회색 부분 경계에 있어요.

가슴과 배에 가는 검은색 세로줄이 있어요.

큰오색딱다구리
드문 텃새 28cm
허리는 흰색이에요.

큰부리밀화부리
귀한 겨울철새 21cm
부리는 노란색이에요.

살펴보아요!

새의 호흡

사람과 같은 포유류는 숨을 쉬면 폐로 들어간 공기 중에서 산소 일부만 흡수되고 나머지는 코나 입으로 나와요. 반면 새는 호흡을 하면 공기가 폐와 기낭을 따라 돌면서 산소 대부분이 몸속에 흡수되는데, 이러한 새의 호흡 방식을 '전호흡'이라고 해요. 전호흡을 하면 몸에 따뜻한 공기를 오래 담을 수 있기 때문에 부력이 커져 비행에 유리하고, 산소가 부족한 높은 하늘에서도 비행할 수가 있어요.

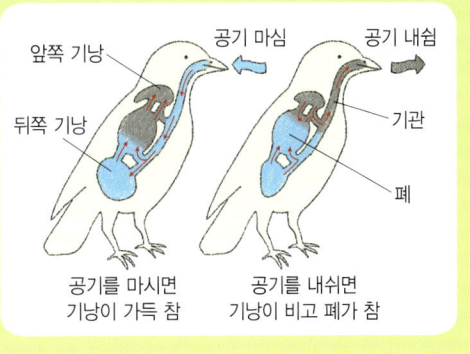

관련 교과 3-2 과학 <2. 동물의 생활> / 5-2 과학 <2. 생물과 환경>

산과 들판이 만나는 곳에서 보이는 새

서로 다른 생태가 겹치는 장소에는 다양한 생물이 살아가요. 산과 들이 만나는 곳에 작은 냇물까지 흐르면 새를 관찰하기 아주 좋아요. 새들은 냇물에서 먹이뿐만 아니라 물도 구할 수 있으니까요. 커다란 맹금이 산의 나뭇가지에 앉아 가만히 들판을 내려다보고 있어요. 먹이로 삼을 새나 짐승을 살피다가 소리 없이 날아가 사냥을 할 거예요. 맹금을 관찰하려면 어떤 나뭇가지를 살펴야 할까요? 맹금은 자신의 몸이 적당히 가려지면서도 시야를 확보할 수 있는 곳에 앉아 있어요.

이마에서 뺨까지 검은색이에요.

검은이마직박구리
드문 텃새 19cm
검은색 뺨에 흰색 귀깃이 있어요.

몸 아랫면은 진한 주황색이에요.

곤줄박이
흔한 텃새 14cm
이마에서 뺨까지 연갈색이에요.

수컷은 날개덮깃에 굵은 흰색 줄이 2개 있어요.

긴꼬리홍양진이 수컷 ♂
흔한 겨울철새 16cm
몸 전체는 붉은색이고, 머리 위쪽과 턱 밑은 회색이에요.

암컷도 날개덮깃에 굵은 흰색 줄이 2개 있어요.

긴꼬리홍양진이 암컷 ♀
흔한 겨울철새 16cm
몸 전체는 회갈색이에요.

귀깃이 길고 검은색이에요.

머리 위쪽과 눈에서 뺨까지가 수컷(79쪽)과 다르게 흑갈색이에요.

쑥새 암컷 ♀
흔한 겨울철새 14cm
허리에 비늘무늬가 있으며 옆구리 적갈색 깃의 깃축이 까매요.

수리부엉이
귀한 텃새 68cm
올빼미 중에 가장 커요.

몸 전체는 붉은색이에요.

뺨은 흰색이에요.

양진이
흔한 겨울철새 15cm
이마와 턱 밑에 흰색 점무늬가 있어요.

진박새
흔한 텃새 11cm
머리 위쪽은 검은색이에요.

살펴보아요!

올빼미는 어떻게 밤에도 사냥을 할까요?

칠흑같이 어두운 밤. 올빼미는 어떻게 먹이를 발견하고 사냥을 할까요? 야행성 맹금 올빼미의 야간 시력은 사람보다 300배 정도 뛰어나다고 해요. 보통 새의 눈은 얼굴 양옆에 달려 있어 시야가 넓은 반면, 올빼미의 눈은 얼굴 앞쪽에 있어 거리를 가늠하는 능력이 뛰어나답니다. 귀도 눈처럼 얼굴 앞쪽에 달려 있어서 보고 듣는 방향이 일치해요. 또한 비행할 때 소리가 나지 않아 사냥하기에 유리해요.

관련 교과 3-2 과학 〈2. 동물의 생활〉 / 5-2 과학 〈2. 생물과 환경〉

들판에서 보이는 맹금

들판에서 관찰되는 맹금은 새뿐만 아니라 쥐나 개구리 같은 동물도 사냥해요.
낮에 활동하는 주행성 맹금은 먹이가 잘 보이는 나뭇가지에 앉거나 하늘을 날아다녀요.
밤에 사냥하는 야행성 맹금은 낮에 잠을 자야 해서 눈에 잘 띄지 않는 나무 안쪽 가지나
낮은 논둑에 앉아요. 맹금이 하늘을 날면서 날카로운 소리로 울 때가 있어요. 소리에 놀란
새들은 일제히 날아오르는데, 이때 맹금은 잘 날지 못하는 새를 찾아 공격해요.
사냥하려고 일부러 새들을 날아오르게 만드는 거예요.

말똥가리
흔한 겨울철새 54cm
몸 전체는 갈색이에요.

독수리(어린새)
드문 겨울철새 110cm
몸 전체는
검은색이에요.

새매
드문 겨울철새 37cm
날개를 펼치면 보이는
칼깃이 6장이에요.

쇠부엉이
귀한 겨울철새 39cm
넓은 농경지나 들판에서 살아요.

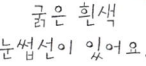

잿빛개구리매
흔한 겨울철새 47cm
눈 주변에 검은색 테두리가 있어요.

참매 (어른새)
귀한 텃새 55cm
가슴과 배에 가는 검은색 가로줄 무늬가 있어요.

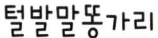

털발말똥가리
귀한 겨울철새 56cm
다른 말똥가리보다 머리와 가슴에 흰색 부분이 많아요.

흰꼬리수리 (어린새)
귀한 겨울철새 87cm
어린새는 몸과 꼬리가 지저분한 흑갈색이에요.

매와 수리의 차이점

맹금이 날 때 관찰할 수 있는 첫째날개깃 끝을 '칼깃'이라고 해요. 매는 칼깃이 모여 있지만, 수리는 종에 따라 고유한 칼깃을 지니고 있어요. 수리의 칼깃 개수는 새를 구별하는 매우 중요한 특징이에요. 왼쪽 두 사진은 칼깃이 모여 있는 매과 맹금으로 매(왼쪽 위)와 새호리기(왼쪽 아래)예요. 오른쪽 두 사진은 수리과 맹금으로 칼깃이 5개인 잿빛개구리매(오른쪽 위)와 6개인 참매(오른쪽 아래)예요.

맹금류 칼깃

관련 교과 3-2 과학 〈2. 동물의 생활〉 / 5-2 과학 〈2. 생물과 환경〉

들판에서 보이는 새

들판은 숨을 곳이 없어서 보호색이 발달한 새가 많아요. 보호색이 발달한 새는 위협이 있어도 움직이지 않고 가만히 있거나, 갈대나 풀이 많은 장소를 피해 주변이 비어 있는 곳을 좋아해요. 보호색이 발달하지 않은 새들은 멀리 있어도 찾기 쉽지만, 보호색이 발달한 새들은 가까이 있어도 찾기 어려워요. 어떤 새는 큰 무리를 이루어 감시하는 눈의 수를 늘려요. 맹금이 공격해도 무리를 이룬 새들이 먼저 맹금을 발견할 수 있어 더 안전하니까요.

갈까마귀
드문 겨울철새 33cm
떼까마귀 무리와 함께 다녀요.

목 뒤쪽과, 옆가슴, 배는 흰색이고 나머지는 검은색이에요.

금눈쇠올빼미
귀한 겨울철새 23cm
몸은 갈색 바탕에 둥근 흰색 점이 많아요.

우리나라 중서부 지역에서 볼 수 있어요.

'들칠면조'라고도 해요.

느시
귀한 겨울철새 100cm
머리와 목은 연회색이에요.

머리 위쪽에 긴 댕기깃이 있어요.

댕기물떼새
흔한 겨울철새 30cm
몸 윗면은 광택이 있는 초록색이에요.

98 겨울

"여러 마리가 떼로 돌아다녀요."

"머리 위쪽에서 등까지 연회색이에요."

떼까마귀
흔한 겨울철새 47cm
부리 기부가 연회색이에요.

물때까치
드문 겨울철새 31cm
앉아 있을 때는 날개에 흰색이 많이 보여요.

"귀깃이 길어요."

"몸 아랫면이 흰색이에요."

칡부엉이
귀한 겨울철새 35cm
몸 전체가 굵은 세로줄 무늬 바탕에 드문드문 가로줄 무늬가 있어요.

흰멧새
길잃은새 16cm
부리는 노란색이에요.

살펴보아요!

갈까마귀를 찾아보아요

초겨울이면 떼까마귀는 큰 무리를 이루어 이동하기 때문에 비교적 쉽게 만날 수 있어요. 떼까마귀 무리를 잘 살펴보면 흰색 가슴과 배를 지닌 갈까마귀를 찾을 수 있어요. 큰 논이 있는 평야 지역에서 떼까마귀와 갈까마귀 무리를 볼 수 있는데, 우리나라에서는 울산이나 경주에서 쉽게 발견할 수 있어요. 이들은 수천에서 수만 마리의 무리를 이루어요.

경주의 갈까마귀

관련 교과 3-1 과학 〈3. 동물의 한살이〉 / 3-2 과학 〈2. 동물의 생활〉 / 5-2 과학 〈2. 생물과 환경〉

논에서 보이는 기러기

봄을 기다리는 한적한 겨울 논에는 기러기가 가장 많이 보여요. 큰 무리를 이루며 논에 떨어진 볍씨나 벼의 뿌리를 먹고 살아요. 넓은 논이 펼쳐져 있다고 모두 기러기를 관찰할 수 있는 건 아니에요. 특히 주변에 전봇대와 전깃줄이 많은 논에는 기러기가 거의 없어요. 전깃줄에 걸려 다치는 새가 생각보다 많기 때문이에요. 순천시에서는 순천만에 있는 논 주변의 전봇대를 모두 없애서 두루미와 기러기 무리가 찾아와 살 수 있게 했답니다.

부리 기부에 흰색 줄이 있으면 어른새예요.

개리
귀한 겨울철새 87cm
목의 뒤쪽은 진한 고동색이고 앞쪽은 흰색이에요.

머리는 검은색이고 뺨에서 턱 밑까지는 흰색이에요.

캐나다기러기
길잃은새 63cm
목은 검은색이에요.

가슴과 배에 굵은 검은색 가로줄이 불규칙하게 있어요.

가슴과 배에 가로줄이 없어요.

쇠기러기(어른새)
흔한 겨울철새 68cm
부리는 분홍색이고 부리 기부 주변이 흰색이에요.

쇠기러기(어린새)
흔한 겨울철새 68cm
부리는 주황색이고 부리 기부 주변이 흰색이 아니에요.

"부리는 검은색이고 끝 부분에 주황색 띠가 있어요."

"부리는 검은색과 주황색이 섞여 있어요."

큰기러기 (어른새)
흔한 겨울철새 88cm
옆구리에 흑갈색 세로줄이 있어요.

큰기러기 (어린새)
흔한 겨울철새 88cm
옆구리에 흑갈색 반점이 흩어져 있어요.

"몸 전체는 연한 회갈색이에요."

"몸 전체는 흰색이에요."

회색기러기
길잃은새 79cm
부리와 다리는 분홍색이에요.

흰기러기
귀한 겨울철새 74cm
첫째날개깃이 검은색이에요.

살펴보아요!

새는 어떻게 배설할까요?

고등한 동물은 대변이 나오는 항문과 소변(오줌)이 나오는 요도, 생식 세포인 정자나 난자가 나오는 관이 각각 나뉘어 있지만, 새의 배설 기관은 하나로 합쳐져 있어요. 이를 '총배설강'이라고 해요. 그래서 새는 대변과 소변을 한꺼번에 배설해요. 특히 육식을 하는 새는 강력한 소화 효소로 먹이 대부분을 녹이기 때문에 흰색 배설물을 내보내요.

굴뚝새의 배설

관련 교과 3-2 과학 〈2. 동물의 생활〉 / 5-2 과학 〈2. 생물과 환경〉

들판에서 보이는 큰 새

두루미는 넓은 논이 있는 들판을 좋아해요. 우리나라에서 두루미가 자주 찾아오는 곳은 철원과 천수만, 순천만이에요. 겨울이 되면 두루미가 이 지역을 거쳐 남쪽으로 이동해요. 대표적인 월동지는 일본의 '이즈미'라는 곳이에요. 이즈미에서는 여러 해 전부터 두루미에게 먹이를 줘서 두루미가 많이 찾아가고 있어요. 최근 우리나라에서도 두루미에게 먹이를 주고 있어요. 추위를 견디기 힘든 두루미는 더 남쪽으로 내려가지만, 그렇지 않은 두루미는 우리나라에서 먹이를 먹으며 겨울을 나요. 여러분도 대표적인 두루미 월동지를 찾아가 보세요.

정수리부터 얼굴과 목의 앞쪽까지 검은색이에요.

검은목두루미
귀한 겨울철새 114cm
몸 전체는 연회색이에요.

몸 전체는 흰색이고 둘째날개깃과 셋째날개깃은 검은색이에요.

두루미
귀한 겨울철새 145cm
이마에서 정수리까지 붉은색이에요.

부리는 붉은색이에요.

먹황새
귀한 겨울철새 99cm
몸 전체는 검은색이고 가슴과 배는 흰색이에요.

몸 전체는 흰색이에요.

시베리아흰두루미
길잃은새 135cm
얼굴 앞쪽은 붉은색이에요.

102 겨울

재두루미
드문 겨울철새 120cm
목의 앞쪽은 진회색이고
뒤쪽은 흰색이에요.

"눈 주변은 붉은색이에요."

캐나다두루미
길잃은새 95cm
몸 전체는 연회색이에요.

"이마는 붉은색이에요."

황새
귀한 겨울철새 112cm
몸은 흰색이고 날개는 검은색이에요.

"굵은 검은색 부리를 가지고 있어요."

흑두루미
드문 겨울철새 97cm
이마는 검은색이고 가운데는 붉은색이며,
머리와 목은 흰색이에요.

"몸 아랫면은 진회색이에요."

살펴보아요!

오래된 깃털은 새 깃털로!

새가 날다 보면 공기 저항을 받아서 그 마찰로 깃털이 닳아요. 이렇게 마모된 깃털로는 하늘을 잘 날 수 없어요. 새에게는 비행이 가장 중요하기 때문에 마모된 깃털은 떨어져 나가고 새로운 깃털이 자라나는 '깃갈이'를 해야 해요. 깃갈이를 할 때 깃털이 한꺼번에 빠진다면 새 깃털이 자라는 동안 하늘을 날 수 없겠지요? 따라서 깃털은 순서대로 하나씩 교체되어요.

깃갈이를 하는 세가락갈매기

관련 교과 2-2 겨울 〈2. 겨울 탐정대의 친구 찾기〉 / 3-2 과학 〈2. 동물의 생활〉 / 5-2 과학 〈2. 생물과 환경〉

작은 하천에서 보이는 오리 1

겨울철이 되면 특히 우리나라를 많이 찾는 새가 오리예요. 오리는 먹이가 다양하고, 물 위에 있으면 삵과 같은 천적이 쉽게 공격하지 못하는 작은 하천을 좋아해요. 그래서 쉴 때도 물 위에 떠 있어요. 오리는 잠수를 잘하는 '잠수성 오리'와 잠수를 못하는 '수면성 오리'로 나뉘어요. 작은 하천에는 어떤 오리가 많을까요? 수심이 얕은 작은 하천에는 수면성 오리가 많고, 수심이 깊은 호수에서는 잠수성 오리를 많이 볼 수 있어요. 하천을 지나다가 오리가 있으면 가만히 관찰해 보세요. 어떤 오리들은 참 재미난 행동을 한답니다.

머리는 고동색이며 목 앞쪽에서 뒤쪽까지 흰색이에요.

고방오리 수컷 ♂
흔한 겨울철새 75cm
수컷은 꼬리가 길고 뾰족해요.

부리에 광택이 있어요.

고방오리 암컷 ♀
흔한 겨울철새 56cm
암컷도 꼬리가 길고 뾰족해요.

머리가 광택이 있는 청록색이며 댕기가 없어요.

비오리 수컷 ♂
흔한 겨울철새 65cm
수컷은 부리가 가늘고 붉은색에 끝이 검은색이며, 윗부리가 아래로 굽어 있어요.

머리가 적갈색이며 뒤로 댕기가 있어요.

비오리 암컷 ♀
흔한 겨울철새 65cm
암컷도 부리가 가늘고 붉은색에 끝이 검은색이며, 윗부리가 아래로 굽어 있어요.

몸 전체는 가는 점무늬가 있는 회색이에요.

부리의 위쪽은 검은색이고 가장자리는 주황색이에요.

알락오리 수컷♂
흔한 겨울철새 50cm
꼬리덮깃이 검은색이에요.

알락오리 암컷♀
흔한 겨울철새 50cm
둘째날개깃이 흰색이에요.

부리는 노란색이에요.

부리는 주황색에 검은색 무늬가 있어요.

청둥오리 수컷♂
흔한 겨울철새 59cm
머리가 진한 초록색 광택깃이에요.

청둥오리 암컷♀
흔한 겨울철새 54cm
둘째날개깃이 파란색 광택깃이에요.

살펴보아요!

알락오리의 먹이 활동

알락오리는 잠수를 못하는 수면성 오리예요. 반면 물닭은 잠수를 아주 잘 해요. 이 두 새의 특징은 서로 다르지만 좋아하는 먹이는 물풀로 같아요. 알락오리는 물속에 머리를 넣어 물풀을 먹는데, 머리가 닿는 곳의 물풀을 모두 먹으면 더 이상 먹이를 구할 수 없어요. 그렇다고 방법이 전혀 없는 건 아니예요. 이때부터 알락오리는 물닭을 쫓아다녀요. 물닭이 잠수해서 물풀을 뜯어 오면 알락오리는 잽싸게 쫓아가서 뺏어 먹어요. 다행히 물닭은 성격이 온순해서 그렇게 화를 내지 않아요.

물닭이 뜯어 온 물풀을 뺏어 먹는 알락오리

관련 교과 3-2 과학 〈2. 동물의 생활〉 / 5-2 과학 〈2. 생물과 환경〉

작은 하천에서 보이는 오리 2

겨울철이면 새들은 보통 비번식깃으로 계절을 보내지만, 월동하러 내려온 오리 수컷은 이미 번식깃을 지닌 채로 겨울을 나요. 오리는 쉽게 무리를 이루는 특징도 있는데, 멋진 번식깃을 가진 수컷 오리와 이 수컷을 좋아하는 암컷 오리가 함께 지내요. 짝을 이룬 오리들은 추위를 같이 이겨 내면서 사랑 표현도 해요. 오리를 관찰하다 보면 수컷 오리가 암컷 오리에게 구애 행동을 하며 유혹하는 모습을 볼 수 있어요. 구애 행동은 보통 번식지에서 볼 수 있지만 월동지에서 관찰되기도 해요.

넓적한 부리는 검은색이에요.

넓적부리 수컷♂
흔한 겨울철새 47cm
눈이 노란색이에요.

넓적한 부리는 흑갈색이며 검은색 점무늬가 있어요.

넓적부리 암컷♀
흔한 겨울철새 47cm
눈이 흑갈색이에요.

굵은 흰색 눈썹선이 머리 뒤쪽까지 길게 있어요.

발구지 수컷♂
드문 나그네새 38cm
옆구리는 흰색이며 가는 세로줄이 있어요.

부리 옆에 둥근 흰색 점이 있어요.

발구지 암컷♀
드문 나그네새 38cm
눈 앞뒤로 검은색 눈선이 있어요.

머리는 고동색이고 광택이 있는 녹색 무늬가 있어요.

부리는 지저분한 점무늬가 있는 갈색이에요.

쇠오리 수컷♂
흔한 겨울철새 38cm
등이나 옆구리에 가는 줄무늬가 있어요.

쇠오리 암컷♀
흔한 겨울철새 38cm
몸 전체는 갈색 바탕에 검은색 점무늬가 있어요.

머리는 광택이 있는 진한 초록색이에요.

머리는 갈색이에요.

호사비오리 수컷♂
귀한 겨울철새 57cm
수컷은 머리 뒤쪽으로 장식깃이 길게 있고, 옆구리에 검은색 비늘무늬가 있어요.

호사비오리 암컷♀
귀한 겨울철새 57cm
암컷도 머리 뒤쪽으로 장식깃이 길게 있고, 옆구리에 검은색 비늘무늬가 있어요.

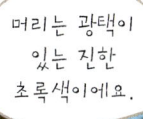 살펴보아요!

깃털의 광택

새의 깃털색을 관찰하면 보는 각도에 따라 색이 변하는 부분이 있어요. 이곳은 대부분 번쩍이는 광택이 나는데 왜 그럴까요? 새의 깃털색은 대부분 카로티노이드나 멜라닌 같은 색소로 되어 있어요. 하지만 깃털의 광택은 색소뿐만 아니라 깃털을 이루는 매우 작은 단백질 구조에 의해 나타난답니다. 이 작은 단백질 구조가 빛을 산란시켜서 보는 각도에 따라 색이 달라지는 거예요.

청동오리 수컷의 다르게 보이는 머리색

습지에서 보이는 새

다양한 새가 겨울철 습지로 찾아오는데 대표적인 새는 기러기와 오리예요.
습지 속 갈대밭을 살펴보면 위장 능력이 뛰어난 알락해오라기를 만날 수 있어요.
생김새가 저어새와 비슷하지만 겨울철새에 속하는 노랑부리저어새도 습지를 거닐고 있어요.
큰고니는 습지에서 쉽게 볼 수 있지만, 고니는 큰고니에 비해 매우 적은 수가 찾아온답니다.
습지나 호수에서 우아하게 돌아다니는 혹고니는 '겨울철 최고의 탐조'라고 손꼽을 수 있어요.

부리 기부부터 콧구멍 위쪽까지 노란색이에요.

고니
귀한 겨울철새 120cm
몸 전체는 흰색이에요.

부리 기부부터 콧구멍 아래쪽까지 노란색이에요.

큰고니
드문 겨울철새 140cm
고니보다 크기가 커요.

붉은색 부리 위에 혹이 있어요.

혹고니
귀한 겨울철새 152cm
큰고니보다 크기가 커요.

부리 끝이 노란색이에요.

노랑부리저어새
드문 겨울철새 86cm
눈이 부리 밖에 있어요.

부리가 큰기러기(101쪽)에 비해 길어요.

큰부리큰기러기
흔한 겨울철새 95cm
축축한 습지를 좋아해요.

등과 날개덮깃에 톱니 모양의 줄무늬가 있어요.

알락해오라기
귀한 겨울철새 73cm
갈대 속에 살며 물고기를 잡아먹어요.

턱 밑이 연한 적갈색이에요.

황오리 수컷♂
드문 겨울철새 64cm
수컷은 몸 전체가 적갈색이에요.

턱 밑이 흰색이에요.

황오리 암컷♀
드문 겨울철새 64cm
암컷도 몸 전체가 적갈색이에요.

살펴보아요!

잠수성 오리가 가장 좋아하는 먹이는?

물 깊숙하게 잠수하는 잠수성 오리는 조개를 가장 좋아해요. 딱딱한 껍데기를 포개어 입을 꾹 다물고 있는 조개를 오리는 어떻게 먹고 소화시킬까요? 부리로 껍질을 갈라서 안에 있는 조갯살만 먹을까요? 오리는 조개를 통째로 먹는답니다. 오리의 위에서 강력한 위산이 나와 조개껍질을 녹일 수 있어요. 관찰하기 어려운 호사북방오리는 말똥성게를 좋아해요. 껍질에 뾰족한 가시가 나 있는 말똥성게를 호사북방오리는 통째로 삼켜 먹어요.

말똥성게를 먹는 호사북방오리

호수에서 보이는 물새 1

겨울철 호수에 찾아오는 오리 중에는 잠수성 오리가 많아요. 잠수성 오리는 물 깊숙이 잠수해서 물속 식물이나 갑각류, 작은 어류를 잡아먹어요. 수심이 낮은 호수에는 수면성 오리도 보여요. 수면성 오리는 잠수를 못해서 수면 가까이에 있는 식물을 주로 먹어요. 날씨가 추워져 물이 얼어 버리면 더 이상 먹이 활동을 할 수 없어요. 이럴 때 새들은 따뜻한 남쪽으로 이동을 해요. 여름철 호수에 식물이 많이 자라면 그 해 겨울에는 오리가 많이 찾아올 거예요. 운이 좋으면 고니도 만날 수 있어요.

청머리오리 수컷 ♂
흔한 겨울철새 48cm
셋째날개깃이 아주 화려해요.

머리는 청록색 광택깃이에요.

청머리오리 암컷 ♀
흔한 겨울철새 48cm
옆구리에 쐐기 모양의 무늬가 있어요.

부리는 검은색이에요.

홍머리오리 수컷 ♂
흔한 겨울철새 49cm
옆구리에 가는 흰색과 검은색 세로줄 무늬가 있어요.

머리는 적갈색이고 정수리에 노란색 세로줄 무늬가 있어요.

홍머리오리 암컷 ♀
흔한 겨울철새 49cm
옆구리는 흑갈색이고 무늬가 없어요.

부리는 청회색이고 끝은 검은색이에요.

몸 전체는 흰색이고 윗면은 검은색이에요.

몸 전체는 회갈색이에요.

흰뺨오리 수컷♂
흔한 겨울철새 45cm
머리는 광택이 있는 초록색이고, 얼굴 앞쪽에 커다란 흰색 점이 있어요.

흰뺨오리 암컷♀
흔한 겨울철새 45cm
머리는 고동색이고, 부리는 검은색에 끝이 노란색이에요.

가슴이 검은색이에요.

가슴이 진갈색이에요.

흰죽지 수컷♂
흔한 겨울철새 45cm
머리는 진한 고동색이고
눈은 붉은색이에요.

흰죽지 암컷♀
흔한 겨울철새 45cm
머리는 진갈색이고
눈은 흑갈색이에요.

살펴보아요!

잠수성 오리와 수면성 오리

오리는 잠수성 오리와 수면성 오리로 나뉘어요. 우선 크기를 자세히 살펴보면 잠수성 오리가 조금 작아요. 물에서 날아오르는 모습도 다른데 잠수성 오리는 도움닫기를 해서 날아오르지만, 수면성 오리는 바로 날 수 있어요. 이는 날개 크기가 다르기 때문이에요. 날개가 크면 잠수하기 어려워서 잠수성 오리의 날개는 작아졌고, 수면성 오리는 바로 날 수 있도록 날개가 커지는 방향으로 진화했어요.

수면성 오리　　　잠수성 오리

관련 교과 3-1 과학 〈3. 동물의 한살이〉 / 3-2 과학 〈2. 동물의 생활〉 / 5-2 과학 〈2. 생물과 환경〉

호수에서 보이는 물새 2

넓은 호수에 여러 오리가 떠 있다면 호숫가에 앉아 관찰해 보세요. 오리가 찾아오는 장소는 어느 정도 정해져 있어요. 아무 곳에서나 먹이 활동을 하지 않기 때문이에요. 오리는 물속에 식물이 많은 곳에서 먹이 활동을 해요. 오리가 모여 있다면 그곳에는 분명히 물속 식물이 많이 있을 거예요. 사람이나 차에 놀라 오리가 멀리 날아가더라도 조금만 기다려 보세요. 먹이가 있으니 다시 찾아올 거예요. 오리가 놀라지 않게 최대한 움직임을 줄이고 위장하고 있으면 가까이 다가오는 오리를 만날 수 있어요.

검은머리흰죽지 수컷♂
흔한 겨울철새 45cm
머리가 짙은 청록색 광택깃이에요.

검은머리흰죽지 암컷♀
흔한 겨울철새 45cm
머리가 진한 고동색이에요.

댕기흰죽지 수컷♂
흔한 겨울철새 40cm
등은 검은색이고
옆구리는 흰색이에요.

댕기흰죽지 암컷♀
흔한 겨울철새 40cm
등은 진한 고동색이고
옆구리는 갈색이에요.

"검은색 눈선이 목 뒤쪽까지 이어져 있어요."

"부리는 붉은색이에요."

혹부리오리
흔한 겨울철새 61cm
몸은 흰색 바탕에 검은색과 적갈색의 큰 무늬가 있어요.

물수리
귀한 나그네새 58cm
몸 아랫면은 흰색이고 가슴에 흑갈색 점무늬가 있어요.

"몸 전체는 흰색이고 검은색 줄이 드문드문 있어요."

"머리 위쪽은 고동색이며, 턱 밑에서 목까지 흰색이에요."

흰비오리 수컷 ♂
흔한 겨울철새 42cm
수컷은 눈 주변과 눈앞이 검은색이에요.

흰비오리 암컷 ♀
흔한 겨울철새 42cm
암컷도 눈 주변과 눈앞이 검은색이에요.

살펴보아요!

물새가 물 위에서 사는 방식

오리처럼 물 위에서 생활하는 모든 새의 깃털에는 기름이 묻어 있어요. 물새는 쉴 때 항문 주변의 기름샘에서 나오는 기름을 온몸에 바르며 깃털을 다듬어요. 기름칠 된 깃털은 방수 작용을 해서 체온을 유지하는 데 유리하고 물에도 잘 떠요. 하지만 몸이 물에 잘 뜨는 탓에 잠수해서 먹이를 잡기가 불리해요. 그래서 물새의 몸은 잠수하기 쉽도록 몸집은 작아지고, 날개는 짧아지고, 다리는 몸 뒤에 오는 방향으로 진화했어요.

잠수하는 검은목논병아리

관련 교과 3-2 과학 〈2. 동물의 생활〉 / 5-2 과학 〈2. 생물과 환경〉

바닷가에서 보이는 물새

겨울철 바닷가는 갈매기의 천국이에요. 여름철에 볼 수 있는 갈매기보다 훨씬 다양한 갈매기를 관찰할 수 있어요. 특히 동해안에는 서해안보다 다양한 갈매기가 찾아와서 새를 보는 사람들은 겨울철이면 동해안으로 자주 탐조 여행을 가요. 갈매기는 대부분 야행성이어서 낮에는 바닷가에 모여 휴식을 취해요. 갈매기는 사람을 두려워하지 않아서 아주 쉽게 볼 수 있어요. 갈매기가 잘 도망가지 않는다고 해서 일부러 날아가게 만들지는 말도록 해요. 탐조의 기본은 새의 생태를 있는 그대로 존중하는 것이니까요.

가는 노란색 부리가 있어요.

갈매기
흔한 겨울철새 43cm
괭이갈매기(38쪽)에 비해 약간 작고 연한 색이에요.

귀깃에 검은색 반점이 있어요.

검은머리갈매기 (비번식깃)
드문 텃새 32cm
첫째날개깃 아래가 검은색이에요.

윗부리 끝이 아래로 굽어 있어요.

민물가마우지
흔한 텃새 87cm
물속에 있을 때 머리가 약간 위쪽을 향하고 있어요.

부리는 붉은색이고 끝은 검은색이에요.

붉은부리갈매기
흔한 겨울철새 44cm
다리는 붉은색이에요.

뺨은 흰색이에요.

뿔논병아리(비번식깃)
흔한 겨울철새 56cm
눈은 붉은색이고 부리는 분홍색이에요.

아랫부리 끝에 붉은색 점이 있어요.

재갈매기
흔한 겨울철새 62cm
등은 회색이고 다리는 분홍색이에요.

등과 날개는 진회색이에요.

큰재갈매기
흔한 겨울철새 62cm
재갈매기보다 사납게 생겼어요.

몸 윗면은 연회색이에요.

흰갈매기
드문 겨울철새 67cm
갈매기 중에 제일 커요.

종 구별이 가장 어려운 새는?

탐조할 때 종을 구별하기 가장 어려운 새는 재갈매기류예요. 재갈매기류의 번식지는 북극권으로, 이곳에서 다른 종끼리의 교배가 자주 일어나요. 생물들은 보통 다른 종과 잘 교배하지 않지만, 새는 이동 거리가 길고 다른 종을 만날 기회가 많아서 잡종이 생기는 거랍니다. 재갈매기류에 속하는 갈매기들은 모습이 워낙 비슷하고 잡종도 많아서, 우리나라뿐만 아니라 외국에서도 구별할 수 있는 사람이 많지 않아요. 특히 어린새의 종 구별은 더 어려워요.

작은재갈매기 어린새

관련 교과 3-2 과학 <2. 동물의 생활> / 5-2 과학 <2. 생물과 환경>

동해안 항구에서 보이는 새

동해안은 파도가 많이 쳐서 바다에 사는 새들이 무척 힘들어해요. 하지만 파도보다 새들에게 더 큰 고통을 주는 건 배에서 불법으로 버리는 검은 기름이에요. 바다에 사는 새는 방수를 위해 온몸에 기름을 바르는데, 검은 기름이 새 몸에 묻으면 떨어지지 않고 깃털을 뭉치게 만들어요. 뭉친 깃털 사이로 찬 바닷물이 들어가면 체온이 떨어지거나 살이 썩어 결국 죽게 되지요. 항구나 주변 바닷가에서 관찰되는 새는 몸에 검은 기름이 묻어 있는 경우가 많아요.

검은목논병아리
흔한 겨울철새 31cm
뺨에 검은색과 흰색 부분의 경계가 불분명해요.

귀뿔논병아리
드문 겨울철새 33cm
뺨에 검은색과 흰색 부분의 경계가 분명해요.

바다비오리 수컷♂
흔한 겨울철새 55cm
수컷은 부리가 주황색이고 끝이 비오리(104쪽)처럼 아래로 굽지 않았어요.

바다비오리 암컷♀
흔한 겨울철새 55cm
암컷도 부리가 주황색이고 끝이 비오리처럼 아래로 굽지 않았어요.

아비
드문 겨울철새 63cm
부리가 위로 살짝 들려 있어요.

등은 검은색에 흰색 무늬가 '/\' 모양으로 있어요.

큰논병아리
귀한 겨울철새 48cm
머리의 위쪽은 흑갈색이고 아래쪽은 흰색이에요.

부리 기부는 연노란색이에요.

옆구리 뒤쪽에 흰색 부분이 있어요.

큰회색머리아비
드문 겨울철새 72cm
부리는 직선이에요.

옆구리 뒤쪽에 흰색 부분이 없어요.

회색머리아비
드문 겨울철새 65cm
목에 검은색 가로줄이 있어요.

살펴보아요!

진짜 바닷새, 바다쇠오리

바다쇠오리는 도감에 '흔한 새'로 표기되어 있지만 바다에 있기 때문에 직접 본 사람은 그리 많지 않아요. 바다쇠오리를 보려면 겨울에 배를 타고 바다로 나가야 해요. 새를 보는 사람들은 바닷새를 보려고 동해안 최북단 항구인 대진항에서 배를 빌려요. 운이 좋으면 다양한 바닷새를 만날 수 있지만 파도가 많이 치면 고생을 심하게 해요. 바다쇠오리는 아주 드물게 항구나 해안에서 관찰되는데, 안타깝게도 몸에 검은 기름이 묻었거나 상태가 좋지 않은 경우가 대부분이에요.

바다쇠오리

관련 교과 3-2 과학 〈2. 동물의 생활〉 / 5-2 과학 〈2. 생물과 환경〉

보기 어려운 새

겨울철새 중에서는 귀한 새가 많아요. 다른 곳에서는 흔해도 우리나라에서는 귀한 새로 구별되는 이유는 기온에 있어요. 날씨가 추워지면 대부분의 새는 따뜻한 남쪽으로 이동해요. 새마다 추위를 견디는 능력이 달라서 기온에 따라 이동 거리도 달라져요. 겨울에 기온이 높으면 내려오던 새들이 우리나라까지 올 필요가 없어져 결국 우리나라에서는 그 새를 볼 수 없어요. 반면에 날씨가 추우면 우리나라보다 더 추운 북쪽에서 많은 새가 우리나라까지 내려와요. 이때 그동안 보기 힘들었던 겨울철새가 많이 관찰된답니다.

가는 검은색 부리가 위로 들려 있어요.

굵은 흰색 눈썹선이 있어요.

뒷부리장다리물떼새
귀한 나그네새 43cm
몸 전체는 흰색이고 첫째날개깃은 검은색이에요.

쇠동고비
귀한 겨울철새 12cm
몸 윗면은 동고비(78쪽)처럼 청회색이에요.

머리 뒤쪽에 검은색 줄이 2개 있어요.

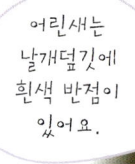

어린새는 날개덮깃에 흰색 반점이 있어요.

줄기러기
길잃은새 75cm
목 옆에 흰색 세로줄이 있어요.

항라머리검독수리 (어린새)
귀한 겨울철새 68cm
날개가 넓지만 꼬리는 짧아요.

홍방울새
귀한 겨울철새 14cm
몸 윗면은 회갈색 세로줄 무늬가 있어요.

흑기러기
귀한 겨울철새 61cm
목에 흰색 가로줄이 있어요.

흰눈썹뜸부기
귀한 겨울철새 29cm
머리는 회색이고 검은색 눈선이 있어요.

흰줄박이오리
귀한 겨울철새 43cm
옆구리는 적갈색이에요.

 살펴보아요!

인형 같은 새, 흰줄박이오리

흰줄박이오리는 강원도 북쪽 해안에서 주로 관찰되는 귀한 새예요. 인형같이 예쁜 모습을 한 흰줄박이오리는 고성의 '아야진'이리는 곳을 자주 찾아와요. 겨울철새를 보러 동해안을 찾는 탐조가는 꼭 아야진을 찾아가요. 하지만 최근에 흰줄박이오리가 자주 앉아 있던 아야진 바위 주변에 해양 스포츠 가게가 생겨났고, 동해안 곳곳에 서핑을 즐기는 사람도 많아져서 이제는 흰줄박이오리를 관찰하기가 어려워졌어요.

흰줄박이오리

부록

새는 누구일까요?

새는 깃털로 된 날개가 있어서 날 수 있어요. 날개짓을 하기 위해 가슴뼈(용골돌기)가 앞으로 튀어나오고 가슴 근육이 발달했어요. 새는 신진 대사가 사람보다 훨씬 활발해요. 체온이 41℃나 된답니다. 날기 위해 많은 에너지가 필요하기 때문이에요. 높은 체온을 유지하기 위해 땀샘이 없어요. 그래서 피부가 각질화되는 것을 막으려고 목욕을 자주 해요. 새는 많은 에너지를 얻기 위해 쉬지 않고 먹어요. 먹이는 이빨이 없는 부리로 통째로 삼켜요. 먹이를 잘 찾기 위해 시력도 발달했어요. 또 소화 기관의 길이가 짧아 먹이를 먹고 빨리 배설해요. 몸이 무거우면 날기 힘드니까요. 새는 알을 낳고 부화시켜서 번식을 해요. 어릴 때는 날 수가 없어서 튼튼한 다리로 걸어 다녀요. 그래서 물새 중에는 달리기 선수가 많답니다. 새는 날 수 있어서 아주 먼거리를 날아가서 번식을 해요. 시베리아같이 멀고 추운 곳에는 천적의 수가 비교적 적기 때문이에요.

황새로 보는 새의 특징

우리나라에서 볼 수 있는 새

우리나라를 찾아오는 새

우리나라에서는 얼마나 많은 새를 볼 수 있을까요? 지금까지 우리나라에서 관찰된 새는 590여 종이에요. 매년 몇 종씩 늘어나고 있어요.

- **텃새** : 일 년 내내 우리나라에서 사는 새(10%).
- **여름철새** : 여름에 번식을 위해 우리나라를 찾아오는 새(10%).
- **겨울철새** : 겨울에 추위를 피해 우리나라를 찾아오는 새(20%).
- **나그네새** : 봄에는 번식을 위해 우리나라를 거쳐 북쪽으로 올라가고, 가을에는 추위를 피해 우리나라를 거쳐 남쪽으로 내려가는 새(30%).
- **길잃은새** : 본래의 서식지나 이동 경로로부터 떨어져 우리나라를 찾아오는 새(30%).

텃새가 생각보다 많지 않죠? 길잃은새는 많은 수를 차지하지만 언제 다시 볼 수 있을지 알 수가 없어요. 우리나라에서 새를 가장 많이 볼 수 있는 시기는 봄과 가을이에요.

새와 사람 사이의 갈등

고양이와 새

고양이는 새를 사냥할 수 있는 능력이 있어요. 배가 고플 때 뿐만 아니라 재미로 사냥을 하기도 해요. 이런 고양이 때문에 새들이 큰 피해를 받고 있어요. 조사에 따르면 고양이에 의해 희생되는 새가 미국에서만 1년에 10억 마리 이상이라고 해요. 기후 변화와 서식지 감소도 새들에게는 위기이지만, 종에 따라 고양이에 의한 위협이 더 치명적이라는 연구 결과도 있어요. 우리나라에서는 길고양이에게 먹이를 주는 사람이 많지만, 외국에서는 야생 동물을 보호하기 위해 길고양이에게 먹이를 주지 않아요. 자연에서 살기 어려운 동물을 도와주는 일도 꼭 필요하지만, 지나치면 생태계를 교란시키는 심각한 결과를 불러오기도 해요.

새의 유리창 충돌

새는 눈이 머리 옆쪽에 있기 때문에 앞에 있는 물체와의 거리를 가늠하는 데 어려움이 있어요. 특히 투명한 유리창의 경우는 내부에 보이는 사물 때문에 유리창을 보지 못하고 부딪치게 되죠. 이렇게 죽는 새가 우리나라에서만 1년에 800만 마리나 된다고 해요. 유리창에 높이 5cm, 폭 10cm 간격으로 불투명한 물감을 칠하거나 스티커를 붙여 주면 충돌이 일어나지 않는다고 하니, 혹시 새들이 있는 곳 주변에 투명 유리창이 있다면 스티커를 붙여 보세요. 버스 정류장 유리나 투명 방음벽 같은 것은 구청이나 시청에 요청하면 스티커를 붙여 준다고 해요.

오목눈이

새를 보호하는 방법

먹이와 물 주기

월동기인 겨울이나 이동기인 봄과 가을에는 새에게 많은 먹이가 필요해요. 먹이가 부족한 새들에게 먹이와 물을 주세요. 먹이는 사람이 먹는 음식과 큰 차이가 없어요. 먹다 남은 과일이나 들깨, 과자, 빵 등을 뿌려 주면 새들이 찾아와서 먹어요. 접시에 물을 담아서 집 앞에 놓아 보세요. 며칠만 있으면 새들이 와서 물도 먹고 목욕도 할 거예요.

버드케이크를 먹는 진박새

인공 둥지에서 번식하는 박새

인공 둥지 만들어 주기

새 둥지는 모양보다 둥지를 다는 자리가 더 중요해요. 둥지가 바람에 쉽게 흔들리지 않게 단단한 나뭇가지에 인공 둥지를 달아 주세요. 둥지를 달아 놓은 곳 앞쪽으로는 나뭇가지가 없어야 해요. 그 나뭇가지를 이용해 천적인 뱀이 들어오기 때문이에요. 번식이 끝난 둥지는 청소를 해 주면 다시 번식에 활용돼요.

둥지 재료 달아 주기

둥지 재료 중에서 가장 중요한 것은 솜털이에요. 솜털이 충분히 있어야 따뜻한 온도를 유지할 수 있으니까요. 집에서 쓰지 않는 베개의 솜을 철사로 묶어서 나뭇가지에 달아 주세요. 관찰해 보면 솜이 점점 줄어들 거예요. 새들이 솜을 물어 나른다는 뜻이겠죠?

둥지 재료를 물고 가는 저어새

까치 어린새

구조와 치료

이소한지 얼마 되지 않은 어린새가 불쌍해 보인다고 집으로 가져오면 안 돼요. 우리 눈에는 보이지 않지만 어미새가 주변에서 새끼를 돌보고 있어요. 다친 새를 발견하면 가까운 야생동물구조센터를 검색해서 도움을 청하세요. 여러분이 집에서 야생의 새를 키우는 것은 질병의 위험도 있고 쉽지 않은 일이에요.

ㄱ

갈까마귀 98
갈매기 114
갈색제비 62
개개비 66
개개비사촌 82
개꿩 41
개똥지빠귀 23, 90
개리 100
개미잡이 80
검은가슴물떼새 34
검은댕기해오라기 36, 67
검은등할미새 66
검은딱새 20
검은머리갈매기 70, 114
검은머리딱새 46
검은머리물떼새 70
검은머리방울새 90
검은머리촉새 45
검은머리흰죽지 112
검은목논병아리 116
검은목두루미 102
검은이마직박구리 60, 94
검은지빠귀 49
검은턱할미새 26
고니 108
고방오리 104
곤줄박이 76, 94
괭이갈매기 38, 71, 86
구레나룻제비갈매기 63
굴뚝새 53, 92
귀뿔논병아리 116
귀제비 57, 59
굴빛지빠귀 49
금눈쇠올빼미 98
긴꼬리딱새 61
긴꼬리때까치 92
긴꼬리홍양진이 94
긴발톱할미새 32
긴부리도요 84
까막딱다구리 53

까치 14, 74
깝작도요 87
꺅도요 30
꼬까도요 39
꼬까참새 45
꼬마물떼새 64
꾀꼬리 42
꿩 21, 75

ㄴ

넓적부리 106
넓적부리도요 86
노랑눈썹멧새 51
노랑눈썹솔새 42
노랑딱새 23
노랑때까치 81
노랑발도요 35
노랑배진박새 80
노랑부리백로 71
노랑부리저어새 108
노랑정수리북미멧새 46
노랑지빠귀 23, 90
노랑턱멧새 17, 81
노랑할미새 32
논병아리 37, 68
느시 98

ㄷ

대륙검은지빠귀 44
댕기물떼새 98
댕기흰죽지 112
덤불해오라기 68
독수리 96
동고비 78
동박새 24
되새 78, 91
되지빠귀 56
두루미 102
뒷부리도요 87
뒷부리장다리물떼새 118

들꿩 52
딱새 14, 58
때까치 25, 76
떼까마귀 99
뜸부기 62

ㅁ

마도요 38
말똥가리 96
매 57
먹황새 102
멋쟁이새 92
메추라기도요 30
멧비둘기 15, 74
멧새 21
멧종다리 92
무당새 47
물까마귀 22
물까치 18, 75
물꿩 67
물닭 37, 68
물때까치 99
물레새 45
물수리 113
물총새 65, 84
민물가마우지 34, 114
민물도요 41
밀화부리 19

ㅂ

바다비오리 116
바다직박구리 50
박새 16, 58
발구지 106
밤색날개뻐꾸기 42
방울새 20, 75
밭종다리 81
붉은가슴밭종다리 78
붉은가슴울새 49
붉은갯도요 87

붉은머리오목눈이 16, 84
붉은발도요 35
붉은배새매 44
붉은부리갈매기 114
붉은부리찌르레기 82
붉은뺨멧새 47
붉은어깨도요 40
비둘기조롱이 82
비오리 104
뻐꾸기 60
뿔논병아리 69, 115
삑삑도요 31

ㅅ

사향오리 65
산솔새 42
새매 96
새호리기 83
세가락도요 39
소쩍새 78
솔딱새 27
솔부엉이 79
솔새 51
송곳부리도요 86
쇠기러기 100
쇠동고비 118
쇠딱다구리 24, 76
쇠뜸부기사촌 62
쇠물닭 37, 68
쇠박새 18, 75
쇠백로 29, 84
쇠부엉이 96
쇠붉은뺨멧새 27
쇠솔딱새 27
쇠오리 107
쇠유리새 50
쇠제비갈매기 71
쇠찌르레기 46
쇠청다리도요 30
수리부엉이 95
스윈호오목눈이 85

시베리아흰두루미 102
쏙독새 60
쑥새 79, 95

ㅇ

아물쇠딱따구리 53
아비 117
알락꼬리마도요 38
알락꼬리쥐발귀 48
알락도요 31
알락오리 105
알락할미새 26, 83
알락해오라기 109
양진이 95
어치 24, 74
오목눈이 18, 77
오색딱다구리 22, 77
올빼미 80
왕눈물떼새 40
왕새매 61
왜가리 28, 66
울새 51
원앙 36
유리딱새 16

ㅈ

장다리물떼새 65
재길매기 115
재두루미 103
잿빛개구리매 97
잿빛쇠찌르레기 26
저어새 29, 86
제비 28, 59
제비갈매기 87
제비딱새 27
좀도요 41
종달도요 31
줄기러기 118
중대백로 29, 85
중백로 29, 63

중부리도요 38
쥐발귀개개비 48
직박구리 15, 74
진박새 18, 95
진홍가슴 44
집비둘기 15, 59
집오리 34
찌르레기 17

ㅊ

참매 97
참새 14, 58
청다리도요 40
청둥오리 105
청딱다구리 56, 77
청머리오리 110
청호반새 60
촉새 33
칡때까치 44
칡부엉이 99

ㅋ

캐나다기러기 100
캐나다두루미 103
콩새 93
큰고니 108
큰기러기 101
큰논병아리 117
큰덤불해오라기 64
큰뒷부리도요 39
큰밭종다리 85
큰부리개개비 48
큰부리까마귀 15
큰부리밀화부리 93
큰부리큰기러기 109
큰오색딱다구리 93
큰유리새 25
큰재갈매기 115
큰점지빠귀 49
큰회색머리아비 117

ㅌ
털발말똥가리 97

ㅍ
파랑새 24, 59
팔색조 61

ㅎ
학도요 35
할미새사촌 52
항라머리검독수리 118
해오라기 36, 67
호랑지빠귀 22
호반새 61
호사도요 63
호사비오리 107
혹고니 108
혹부리오리 113
홍머리오리 110
홍방울새 119
홍여새 91
황금새 43
황로 28, 66
황새 103
황여새 91
황오리 109
황조롱이 17, 56
회색기러기 101
회색머리아비 117
회색바람까마귀 48
후투티 20
흑기러기 119
흑꼬리도요 30
흑두루미 103
흑비둘기 57
흰갈매기 115
흰기러기 101
흰꼬리딱새 79
흰꼬리수리 97
흰꼬리좀도요 31

흰날개해오라기 69
흰눈썹긴발톱할미새 32
흰눈썹뜸부기 119
흰눈썹붉은배지빠귀 45
흰눈썹울새 47
흰눈썹지빠귀 81
흰눈썹황금새 43
흰등밭종다리 46
흰멧새 99
흰목물떼새 64
흰물떼새 40, 71
흰배뜸부기 57
흰배멧새 33
흰배지빠귀 19
흰비오리 113
흰뺨검둥오리 82, 85
흰뺨오리 111
흰점찌르레기 83
흰죽지 111
흰줄박이오리 119
힝둥새 26

• 새 관찰 일지 •

관찰 날짜 :　　　관찰 시간 :　　　날씨 :
관찰 대상 :　　　관찰 장소 :　　　관찰자 :

관찰한 내용 :

느낀 점과 알게 된 사실 :

초등 교과 과정 연계 정보

봄

도시 집 주변에서 보이는 새 2-2 겨울 〈2. 겨울 탐정대의 친구 찾기〉 / 3-2 과학 〈2. 동물의 생활〉 / 5-2 과학 〈2. 생물과 환경〉
시골 집 주변에서 보이는 새 3-2 과학 〈2. 동물의 생활〉 / 5-2 과학 〈2. 생물과 환경〉
작은 공원이나 공터에서 보이는 새 3-2 과학 〈2. 동물의 생활〉 / 5-2 과학 〈2. 생물과 환경〉
큰 공원에서 보이는 새 2-2 겨울 〈2. 겨울 탐정대의 친구 찾기〉 / 3-1 과학 〈3. 동물의 한살이〉 / 5-2 과학 〈2. 생물과 환경〉
마을 뒷산에서 보이는 새 3-2 과학 〈2. 동물의 생활〉 / 5-2 과학 〈2. 생물과 환경〉
숲에서 보이는 새 3-2 과학 〈2. 동물의 생활〉 / 5-2 과학 〈2. 생물과 환경〉
밭에서 보이는 새 3-2 과학 〈2. 동물의 생활〉 / 5-2 과학 〈2. 생물과 환경〉
논에서 보이는 새 2-2 겨울 〈2. 겨울 탐정대의 친구 찾기〉 / 3-1 과학 〈3. 동물의 한살이〉 / 5-2 과학 〈2. 생물과 환경〉
논에서 보이는 도요새 3-2 과학 〈2. 동물의 생활〉 / 5-2 과학 〈2. 생물과 환경〉
작은 하천에서 보이는 새 2-2 겨울 〈2. 겨울 탐정대의 친구 찾기〉 / 3-2 과학 〈2. 동물의 생활〉 / 5-2 과학 〈2. 생물과 환경〉
습지에서 보이는 새 3-2 과학 〈2. 동물의 생활〉 / 5-2 과학 〈2. 생물과 환경〉
작은 호수에서 보이는 새 2-2 겨울 〈2. 겨울 탐정대의 친구 찾기〉 / 3-1 과학 〈3. 동물의 한살이〉 / 5-2 과학 〈2. 생물과 환경〉
강 하구나 항구에서 보이는 새 3-2 과학 〈2. 동물의 생활〉 / 5-2 과학 〈2. 생물과 환경〉
갯벌에서 보이는 새 3-2 과학 〈2. 동물의 생활〉 / 5-2 과학 〈2. 생물과 환경〉
서해 섬에서 보이는 새 1 3-1 과학 〈3. 동물의 한살이〉 / 3-2 과학 〈2. 동물의 생활〉 / 5-2 과학 〈2. 생물과 환경〉
서해 섬에서 보이는 새 2 3-2 과학 〈2. 동물의 생활〉 / 5-2 과학 〈2. 생물과 환경〉
서해 섬에서 보이는 새 3 3-2 과학 〈2. 동물의 생활〉 / 5-2 과학 〈2. 생물과 환경〉
서해 섬에서 보이는 귀한 산새 3-2 과학 〈2. 동물의 생활〉 / 5-2 과학 〈2. 생물과 환경〉
서해안 야산에서 보이는 새 3-1 과학 〈3. 동물의 한살이〉 / 3-2 과학 〈2. 동물의 생활〉 / 5-2 과학 〈2. 생물과 환경〉
큰 산에서 보이는 새 3-1 과학 〈3. 동물의 한살이〉 / 3-2 과학 〈2. 동물의 생활〉 / 5-2 과학 〈2. 생물과 환경〉

여름

마을 주변에서 보이는 새 3-2 과학 〈2. 동물의 생활〉 / 5-2 과학 〈2. 생물과 환경〉
시골 집 주변에서 보이는 새 2-2 겨울 〈2. 겨울 탐정대의 친구 찾기〉 / 3-1 과학 〈3. 동물의 한살이〉 / 5-2 과학 〈2. 생물과 환경〉
산에서 보이는 새 3-2 과학 〈2. 동물의 생활〉 / 5-2 과학 〈2. 생물과 환경〉
논에서 보이는 새 3-2 과학 〈2. 동물의 생활〉 / 5-2 과학 〈2. 생물과 환경〉
작은 하천에서 보이는 새 2-2 겨울 〈2. 겨울 탐정대의 친구 찾기〉 / 3-2 과학 〈2. 동물의 생활〉 / 5-2 과학 〈2. 생물과 환경〉
습지에서 보이는 새 2-2 겨울 〈2. 겨울 탐정대의 친구 찾기〉 / 3-2 과학 〈2. 동물의 생활〉 / 5-2 과학 〈2. 생물과 환경〉
큰 호수에서 보이는 새 3-2 과학 〈2. 동물의 생활〉 / 5-2 과학 〈2. 생물과 환경〉
갯벌에서 보이는 새 3-1 과학 〈3. 동물의 한살이〉 / 3-2 과학 〈2. 동물의 생활〉 / 5-2 과학 〈2. 생물과 환경〉

가을

도시 집 주변에서 보이는 새 2-2 겨울 〈2. 겨울 탐정대의 친구 찾기〉 / 3-1 과학 〈3. 동물의 한살이〉 / 5-2 과학 〈2. 생물과 환경〉
작은 공원이나 공터에서 보이는 새 3-1 과학 〈3. 동물의 한살이〉 / 3-2 과학 〈2. 동물의 생활〉 / 5-2 과학 〈2. 생물과 환경〉
마을 뒷산에서 보이는 새 3-2 과학 〈2. 동물의 생활〉 / 5-2 과학 〈2. 생물과 환경〉
작은 산에서 보이는 새 3-2 과학 〈2. 동물의 생활〉 / 5-2 과학 〈2. 생물과 환경〉
습지에서 보이는 새 2-2 겨울 〈2. 겨울 탐정대의 친구 찾기〉 / 3-2 과학 〈2. 동물의 생활〉 / 5-2 과학 〈2. 생물과 환경〉
작은 호수에서 보이는 새 2-2 겨울 〈2. 겨울 탐정대의 친구 찾기〉 / 3-2 과학 〈2. 동물의 생활〉 / 5-2 과학 〈2. 생물과 환경〉
갯벌에서 보이는 새 3-2 과학 〈2. 동물의 생활〉 / 5-2 과학 〈2. 생물과 환경〉

겨울

작은 공원이나 공터에서 보이는 새 3-2 과학 〈2. 동물의 생활〉 / 5-2 과학 〈2. 생물과 환경〉
큰 공원에서 보이는 새 3-1 과학 〈3. 동물의 한살이〉 / 3-2 과학 〈2. 동물의 생활〉 / 5-2 과학 〈2. 생물과 환경〉
산과 들판이 만나는 곳에서 보이는 새 3-2 과학 〈2. 동물의 생활〉 / 5-2 과학 〈2. 생물과 환경〉
들판에서 보이는 맹금 3-2 과학 〈2. 동물의 생활〉 / 5-2 과학 〈2. 생물과 환경〉
들판에서 보이는 새 3-2 과학 〈2. 동물의 생활〉 / 5-2 과학 〈2. 생물과 환경〉
논에서 보이는 기러기 3-1 과학 〈3. 동물의 한살이〉 / 3-2 과학 〈2. 동물의 생활〉 / 5-2 과학 〈2. 생물과 환경〉
들판에서 보이는 큰 새 3-2 과학 〈2. 동물의 생활〉 / 5-2 과학 〈2. 생물과 환경〉
작은 하천에서 보이는 오리 1 2-2 겨울 〈2. 겨울 탐정대의 친구 찾기〉 / 3-2 과학 〈2. 동물의 생활〉 / 5-2 과학 〈2. 생물과 환경〉
작은 하천에서 보이는 오리 2 3-2 과학 〈2. 동물의 생활〉 / 5-2 과학 〈2. 생물과 환경〉
습지에서 보이는 새 2-2 겨울 〈2. 겨울 탐정대의 친구 찾기〉 / 3-2 과학 〈2. 동물의 생활〉 / 5-2 과학 〈2. 생물과 환경〉
호수에서 보이는 물새 1 3-2 과학 〈2. 동물의 생활〉 / 5-2 과학 〈2. 생물과 환경〉
호수에서 보이는 물새 2 3-1 과학 〈3. 동물의 한살이〉 / 3-2 과학 〈2. 동물의 생활〉 / 5-2 과학 〈2. 생물과 환경〉
바닷가에서 보이는 물새 3-2 과학 〈2. 동물의 생활〉 / 5-2 과학 〈2. 생물과 환경〉
동해안 항구에서 보이는 새 3-2 과학 〈2. 동물의 생활〉 / 5-2 과학 〈2. 생물과 환경〉
보기 어려운 새 3-2 과학 〈2. 동물의 생활〉 / 5-2 과학 〈2. 생물과 환경〉